Laban, Alexander, Feldenkrais

Pioniere bewußter Wahrnehmung
durch Bewegungserfahrung

Reihe
Innovative Psychotherapie und Humanwissenschaften
Band 42
Herausgegeben von
Hilarion Petzold

Elly D. Friedmann

Laban Alexander Feldenkrais

Pioniere bewußter Wahrnehmung durch Bewegungserfahrung

Drei Essays

Junfermann-Verlag • Paderborn 1993

Übersetzung: Hildegard Höhr und Theo Kierdorf

Satz: adrupa Paderborn
Druck: PDC – Paderborner Druck Centrum

CIP-Kurztitelaufnahme der Deutschen Bibliothek
Friedmann, Elly D.:
Laban, Alexander, Feldenkrais: Pioniere bewusster Wahrnehmung durch Bewegungserfahrung; drei Essays / Elly D. Friedmann. [Übers.: Hildegard Höhr u. Theo Kierdorf]. – Paderborn: Junfermann, 1989
(Reihe innovative Psychotherapie und Humanwissenschaften; Bd. 42)
Einheitssacht.: Essays on Laban, Alexander, Feldenkrais <dt.>
ISBN 3-87387-299-4
NE: GT

ISBN 3-87387-299-4

Im Gedenken an meine geliebten Eltern Henry und Gertrude Wittkower, die mich das Gewahrsein von Bewegung und Denken lehrten und denen ich meine Lebensfreude verdanke.

Inhaltsverzeichnis

Einführung von Dr. Gudrun Doll-Tepper 9
Danksagung 13
Vorwort 15

Rudolf Laban 17
Bibliographie 49

Frederic Matthias Alexander 51
Bibliographie 72

Moshé Feldenkrais 73
Bibliographie 107

Zusammenfassung 109

Bedeutende Gymnastiksysteme 115
Nachwort von Prof. Dr. Hilarion Petzold 119
Anmerkungen 129
Allgemeine Bibliographie 133
Personenregister 135
Quellennachweis 137

Einführung

In Briefen, die ich während der vergangenen Jahre von Elly Friedmann erhielt, wurde mir deutlich, wie intensiv sie sich mit den Werken *Labans*, *Alexanders* und *Feldenkrais* auseinandersetzte. Sie suchte nach Spuren von ihnen an Stätten ihres Schaffens, sie besuchte und befragte Schüler, sie versuchte, die damalige zeitgenössische Auffassung ihrer Lehren und ihre Umsetzung in die heutige Praxis zu erfassen. So erfolgte die Auseinandersetzung mit diesen Wegbereitern eines körperbewußten Lebens keineswegs allein in theoretischer Weise. Elly Friedmann erlebte und durchlebte Stationen der Entwicklung der Lehrmeister, und in einer lebendigen Sprache schildert sie in den Essays auch ihre für sie selbst und uns wegweisenden Begegnungen mit den Ideen und Auffassungen dieser drei Menschen, die an die Einheit von Körper, Geist und Seele glaubten.

Und das ist es auch, wovon Elly Friedmann Zeit ihres Lebens selbst überzeugt war. Der Zugang zu diesen Männern, die trotz aller Unterschiede auch viele Ähnlichkeiten in ihren Grundgedanken zum Leib-Seele-Problem aufweisen, war ihr nur möglich, weil sie sich einfühlen, weil sie sie verstehen konnte. Der Mensch als Ganzheit stand im Mittelpunkt ihres eigenen Lebens und Lehrens. Dies wird besonders an den Stellen ihres Buches deutlich, wo sie ihre eigene Unterrichtspraxis beschreibt und reflektiert. So lernen wir nicht nur *Laban*, *Alexander* und *Feldenkrais* kennen, sondern auch Elly Friedmanns pädagogisch-therapeutische Arbeit, in der sich Einflüsse der drei widerspiegeln und gleichsam zu einer besonderen Synthese durch sie und in ihr vereint werden.

Kurz nach Fertigstellung des Manuskriptes zu diesem Buch ist Elly Friedmann in Beersheva/Israel gestorben.

Für uns, die wir sie als Lehrerin und als Dozentin erlebten, ist ihr Buch weit mehr als nur die Schilderung von Begegnungen mit außergewöhnlichen Lehrmeistern und der Auseinandersetzung mit ihren philosophischen Aussagen, sondern es erklärt ihre eigene theoretische Position und ihre praktische Arbeit und läßt sie lebendig werden. Wie tief verwurzelt in ihr die Auffassung war, daß es ihr als Pädagogin nicht nur darum gehen konnte, Theorien zu vermitteln, sondern das Wissen um etwas auch erfahrbar zu machen, daran erinnert mich unsere Korrespondenz aus dem Jahr 1984. Elly Friedmann war zu Gastvorträgen an die Freie Universität in Berlin eingeladen worden, in die Stadt, in der sie geboren wurde und der sie nun nach Jahrzehnten erstmalig wiederbegegnen sollte.

Einige Wochen vor dem geplanten Besuch erreichte mich ein Brief, der neben detaillierten Angaben über die einzelnen Themen der Vortragsreihe auch die Frage enthielt, ob es eine Möglichkeit gäbe, die verschiedenen Systeme, aus denen die Bewegungstherapie entstanden war, praktisch mit den Teilnehmern auszuprobieren. Es folgte der Zusatz: „– oder ist das nicht üblich?"

Es war für alle Teilnehmer und Teilnehmerinnen ein besonderes und unvergeßliches Erlebnis, an ihren Kursen und Vorträgen teilzunehmen, und wir verdanken Elly Friedmann gleichermaßen Kenntnisse wie auch Körpererfahrungen, die uns zu einem besseren Verständnis von uns selbst verhalfen.

Wenn an verschiedenen Stellen dieses Buches besonders der therapeutische Aspekt der Auseinandersetzung mit dem eigenen Körper hervorgehoben wird – und dies im übrigen für Menschen in allen Lebensaltern –, dann weist das auf die spezifische Bedeutung körperlicher Erfahrungen im lebenslangen Entwicklungsprozeß von Menschen hin, die sich bedingt durch Erkrankungen, Behinderungen oder soziale Einschränkungen in schwierigen Lebenssituationen befinden. Wahrnehmung und Verständnis – so hat Elly Friedmann selbst einmal den Begriff „awareness" erklärt – durch Körper- und Bewegungserfahrung ist keineswegs nur für diesen Personenkreis bedeutsam. Für jeden Menschen ist es erstrebenswert, psychophysisches Wohlbefinden zu erlangen, wobei dies nicht ein Zustand ist, den man einmal erreicht haben muß, um ihn immer zu haben; vielmehr muß er immer wieder neu erworben werden.

In einer Zeit, in der der technologische Fortschritt und die „Verkopfung" des Menschen von zentraler Bedeutung zu sein scheinen, mag es befremdlich anmuten, Akzente auf Körpererfahrung, -beherrschung und -bewußtsein zu setzen, aber nur hier liegt der Schlüssel zur Balance, zur inneren Harmonie, nämlich in der Einheit von Körper, Geist und Seele. Das ist es, wovon uns Elly Friedmann in ihren Essays über *Laban, Alexander* und *Feldenkrais* berichtet. Das ist es auch, was sie selbst als etwas Elementares im menschlichen Sein erkannt hat. Und das ist etwas, was nicht in die Kategorie „überholt"/„unzeitgemäß" gehört, sondern was heute eher noch an Aktualität und an Bedeutung gewinnt. Nehmen wir die Erfahrungen von Elly Friedmann, dieser außergewöhnlichen Pionierin bewußter Körpererfahrung auf und lernen wir durch sie mehr über das Körperbewußtsein.

Vielleicht ist das für viele von uns ein Anstoß, den in Vergessenheit geratenen Körper wiederzuentdecken und damit mehr über uns selbst zu erfahren.

Berlin, Februar 1989 *Dr. Gudrun Doll-Tepper*

Danksagung

Ich möchte mich bei den Autoren und ihren Verlegern, insbesondere bei Harper & Row, für die Erlaubnis bedanken, aus ihren Werken zitieren zu dürfen.

Mein aufrichtiger Dank gilt auch denjenigen, die mir Interviews gewährten (deren Inhalt ich in den Essays verwendet habe) und mir halfen, das Wirken von Laban, Alexander und Feldenkrais zu würdigen.

Besonderen Dank möchte ich Frau Dr. North und Frau Dr. Preston-Dunlop vom Laban Centre, London, dafür aussprechen, daß sie mich einluden und mir gestatteten, Fotos von den Vorführungen ihrer Schüler zu verwenden.

Suzanne Youngerman möchte ich für das Foto von Irmgard Bartenieff und für das Material über die Arbeit des Laban-Bartenieff-Instituts in New York danken.

Shmuel Nelken, Jerusalem, und Walter Carrington, London, möchte ich dafür danken, daß sie mir soviel von ihrer kostbaren Zeit widmeten, um mich über F. M. Alexander aufzuklären.

Ruth Alon und Ruth Dagan sei dafür gedankt, daß sie mir ihr unendliches Wissen über Moshé Feldenkrais zugänglich machten.

Viele Freunde und Kollegen haben mit mir über die Essays diskutiert. Ihnen allen schulde ich Dank.

Die ständige Ermutigung meines Mannes Ernst, der das Manuskript immer wieder las und jeden Satz einer gewissenhaften Prüfung unterzog, half mir, alle Schwierigkeiten zu überwinden.

E. F.

Vorwort

Die in diesem Buch zusammengefaßten Essays beschreiben die Arbeit von Laban, Alexander und Feldenkrais, Pionieren bewußter Wahrnehmung durch Bewegungserfahrung. Alle drei lebten in den vierziger Jahren in England und veröffentlichten in dieser Zeit einige wichtige Bücher. Dennoch hat keiner von ihnen in seinen Publikationen die jeweils anderen beiden erwähnt. Ich werde die Verbindung zwischen Laban, Alexander und Feldenkrais untersuchen und mich bemühen, einen Eindruck von ihrem Leben, ihrer Philosophie, ihren Lehren, ihren Methoden und ihren Definitionen von Bewegungsbewußtheit und Bewegungserfahrung zu geben.

Laban, Alexander und Feldenkrais werden hier als Pioniere vorgestellt, obwohl einige ihrer Ideen schon in den Yoga-, Zen- und Tai-Chi-Lehren und in anderen fernöstlichen Lehrsystemen sowie auch in der griechischen Philosophie und in einigen der Gymnastiksysteme zu finden sind, die Anfang der zwanziger Jahre entstanden.

Während der letzten vierzig Jahre ist soviel geschehen, soviel erforscht und erklärt worden, und die Sportwissenschaften haben sich so ungeheuer entwickelt – warum sollte man sich da noch die Mühe machen, über drei Männer zu schreiben, die gegen Ende des letzten Jahrhunderts geboren wurden? Wie sollen sie unsere Generation und gar die nächste beeinflussen? Jeder dieser drei Pioniere hat auf seine Weise entscheidend die Grundlagen der modernen Körpererziehung, der Bewegungslehre und des Tanzes beeinflußt und die allgemeine Erziehungslehre sowie auch Psychologie und Therapie um eine neue Dimension bereichert.

Michel de Montaigne hat im Jahre 1580 die neue literarische Kunstform des Essays erfunden. Diese Form ermöglicht es mir, wissenschaftliche Analyse in Verbindung mit Anekdoten, persönlichen Beobachtungen, Eindrücken, Erfahrungen sowie Ideen und Lehrmethoden darzustellen.

Es erscheint mir wichtig, die Aufmerksamkeit auf die Ähnlichkeiten und Unterschiede der Theorien dieser drei Pioniere zu lenken und ihren Einfluß und ihre Bedeutung für Gegenwart und Zukunft zu beleuchten.

Ziel dieses Buches ist, Verständnis und Interesse für die Bedeutung von bewußter Wahrnehmung durch Bewegungserfahrung nicht nur bei Körpererziehungslehrern, Tänzern, Psychologen und Therapeuten zu wecken, sondern auch in der breiten Öffentlichkeit, denn dies ist ein Thema, das uns alle betrifft.

E. F.

Rudolf Laban

(1879-1958)

Rudolf Laban wurde in Preßburg (dem heutigen Bratislava) als Sohn eines Adeligen geboren, der in der österreichischen Armee diente. Als Laban noch ziemlich jung war, bereiste er mit seinem Vater, einem General, viele Länder und zog mit ihm von einem Armeestandort zum anderen. Dem jungen Laban gefiel es, die weite Welt zu erkunden und fremde Kulturen, Lebensweisen, Rituale, Kostüme, Feste und Tänze kennenzulernen.

Nach John Fosters Laban-Biographie ist in dieser frühen Lebensphase die Grundlage für Labans Interesse an Bewegung und Tanz entstanden. Im Jahre 1900 begann Laban in Paris mit seinen Studien. Er studierte Architektur, Bildhauerei, Malerei, Bühnenbildnerei, Ballett, Tanzphysiologie, Anatomie, Mathematik und Physik, doch nichts von all dem befriedigte ihn. Lange Zeit widmete er sich Studien, Experimenten und der Erforschung der Bewegung und reiste unter anderem nach Berlin, Wien und bis nach China. Bewegungen in allen ihren Formen zu beobachten war seine Leidenschaft – von Kinderspielen über die Arbeit in Fabriken bis zu Ballett, Volkstänzen und kreativem künstlerischem Tanz.

Als er ungefähr dreißig Jahre alt war, siedelte er in die Schweiz über und blieb dort etwa zehn Jahre. Er studierte an Jacques Dalcrozes' „Schule für Musik und rhythmische Gymnastik" und entwickelte auch Interesse an der Philosophie Rudolf Steiners und seiner Form der Bewegungstherapie, der Eurhythmie. Außerdem engagierte er sich in der „Dada"-Bewegung. Während seines Aufenthalts in der Schweiz entwickelte und realisierte Laban seine eigenen Ideale und wurde schnell bekannt. Er gründete in Zürich und in anderen Städten der Schweiz „Laban-Tanzschulen".

Als Laban nach Deutschland eingeladen wurde, um dort Tanz zu lehren und seine eigenen Produktionen aufzuführen, war er als Choreograph, Tänzer und Lehrer schon sehr bekannt. Eine seiner ersten Tanzproduktionen (Hamburg 1922) wurde ein großer Erfolg.

Sein starkes Interesse an Menschen und sein enger Kontakt zu seinen Schülern und zu den Tänzern trugen dazu bei, daß er ein großer Lehrer wurde, den alle bewunderten und liebten. Er fing an, mit kreativer Bewegung zu experimentieren, die Kunst der Bewegung zu erforschen, die Natur der Sphärenharmonien, und er entwickelte auch eine eigene Form der Tanznotation.

Seine Tanzschulen in Stuttgart, Hamburg, Prag, Budapest, Rom, Wien und Paris zogen viele junge Tänzer an. Alle diese Schulen wurden von Meisterschülern Labans geleitet. Die berühmtesten unter ihnen waren Mary Wigman und Kurt Jooss, die beide später ihre eigenen Ausbildungszentren gründeten, ihrem Lehrer aber zeitlebens für seine Inspiration dankbar geblieben sind.

In den vielen „Laban-Tanzschulen" lag der Akzent auf bewußter Wahrnehmung, Kreativität und der Schulung von Körper und Geist als einem integralen Ganzen.

Ende der zwanziger Jahre fing Laban an, die Bewegungen von Fabrikarbeitern und ihre psychologischen Verhaltensweisen zu untersuchen. Diese Untersuchungen brachten ihn dazu, die gemeinsame Basis von Arbeit, Spiel und Tanz zu entdecken und die Geheimnisse der menschlichen Anstrengung zu erforschen. In jenen Jahren leitete der vielseitige Laban außerdem zahlreiche Tanzfestivals und schuf eine neue Kunstform, den „Kinderbewegungschor".

1930 wurde der mittlerweile weltberühmte Tänzer und Choreograph Rudolf Laban zum Direktor des Balletts der Berliner Staatsoper berufen – das war das ehrenvollste Amt, das Berlin ihm damals anbieten konnte.

Als Laban an der Universität Berlin in den dreißiger Jahren „Bewegung und Tanz" lehrte, hatte ich das Glück, schon im ersten Semester als ganz junge Studentin an seinen Kursen teilnehmen zu können. Er war ein großer, gutaussehender Mann und ein sehr inspirierender Lehrer. Sein Unterricht war eine reine Freude. Er gab uns allen seinen persönlichen Rat und hatte selbst für die unbeholfensten unter seinen Schülern immer ein gutes Wort. Er lehrte uns den Bewegungsausdruck allein, in Paaren und später auch in großen Gruppen. Wir mußten versuchen, uns wortlos zusammen durch den Raum zu bewegen, wobei wir andere Gruppen trafen oder sie mieden, hoch und tief, gebunden oder fließend, kraftvoll oder leicht, vorwärts oder rückwärts, und so weiter. Wir mußten eine große Selbstbeherrschung entwickeln, um schnell auf Labans Anweisungen reagieren und uns in Harmonie mit der Gruppe bewegen zu können. Nach all den Jahren kann ich mich noch immer gut an die Freude und das Glücksgefühl erinnern, die ich bei seinem Unterricht erfuhr.

Einige Biographen Labans schreiben, Labans Interesse an der modernen Bewegungserziehung und sein Einfluß auf dieselbe habe sich erst in späteren Jahren in England entwickelt. Meiner Meinung nach war Labans Suche nach Erziehungsidealen jedoch tief in den Lehren der deutschen Reformpädagogen der zwanziger Jahre verwurzelt und stark von ihnen beeinflußt. Die Jahre nach dem ersten Weltkrieg bis 1933 (dem Beginn der Nazi-Zeit) waren eine Hochzeit der Künste, der Architektur, des Tanzes, der Erziehung und der Kultur. Berlin war zum Zentrum des künstlerischen Lebens in all seinen Formen geworden. Dort entwickelten sich neue Stilrichtungen in der bildenden Kunst ebenso wie moderne Erziehungslehren sowie auch neue Ideen und Ausdrucksweisen im Bereich des Tanzes und der Gymnastik.

Rudolf von Laban – wie er in Berlin genannt wurde – lebte, tanzte, schuf und lehrte in dieser rauschhaften Periode künstlerischen Schaffens, mit Leib und Seele engagiert. Während der zwanziger und Anfang der dreißiger Jahre nahm er teil am hektischen Lebens der Stadt Berlin – er beeinflußte und wurde beeinflußt. Schon bald wurde er für seine eigene und die nachfolgende Generation zu einer Quelle der Inspiration.

Im Oktober 1922 organisierte die Vereinigung „Neue Deutsche Schulreformer" in Berlin einen Kongreß, welcher der „Kunst der Bewegung" gewidmet war. Laban nahm aktiv an diesem Kongreß teil, in dessen Verlauf viele führende Persönlichkeiten der zahlreichen neuen Tanz- und Gymnastikschulen ihre Erziehungsphilosophien und ihre speziellen Lehrsysteme präsentierten. Auf der Grundlage der neuen Konzepte des beginnenden zwanzigsten Jahrhunderts in den Bereichen der Wissenschaft, der Philosophie, der Psychologie und insbesondere der Erziehungslehre – sowie in Verbindung mit diesen – entstanden und entwickelten sich viele unterschiedliche Gymnastiksysteme und Tanzstile. Die Begründer all dieser Richtungen trafen sich auf jenem Kongreß unter der Schirmherrschaft des deutschen Erziehungsministeriums, um ihre Ansätze zu diskutierten und zu demonstrieren. Sie erklärten ihre Ideen und Arbeitsmethoden in Wort und Bewegung sowie auch die besondere Bedeutung der Entspannung, der Atmung, des Selbst-Ausdrucks, der Kreativität und vieler anderer Aspekte. Das gemeinsame Grundprinzip dieser verschiedenen künstlerischen Reformer war das Ziel, durch Bewegung das volle Potential jedes Menschen als einheitliches Ganzes zu entwickeln – Körper, Geist und Seele.

Sie alle glaubten an die erzieherische Kraft der Bewegung. In dem monumentalen Werk *Künstlerische Körperschulung* (erstmals erschienen 1923) schrieben die verschiedenen Lehrer und Tänzer über ihr jeweiliges Verständnis von Gymnastik und Tanz und stellten ihre neuen „Systeme"[1] dar. Der interessanteste Beitrag jedoch stammt von Laban selbst – er trägt den Titel „Tänzerische Gymnastik". In dieser langen Abhandlung erklärt Laban:

> Der Tänzer sieht in der Tanzerziehung eine Herausforderung für Gesundheit und Kultur... Das Ziel der Tanzerziehung ist, sich der eigenen inneren Gefühle bewußt zu werden, den Fluß der spontanen Bewegung steuern zu lernen, Gleichgewichtssinn und Richtungsgefühl im Raum zu wecken... und eine harmonische Persönlichkeit zu entwickeln.

Drei Jahre später, im Jahre 1926, erschien Labans grundlegendes didaktisches Werk: *Des Kindes Gymnastik und Tanz*. Darin betont Laban den natürlichen Drang jedes Kindes, sich zu bewegen. Er erklärt die Bedeutung von „Gymnastik" und „Tanz", ihre Ähnlichkeiten und Unterschiede und ihre gemeinsame Zielsetzung. Das Buch ist in einer sehr poetischen Sprache geschrieben und es enthält Labans idealistische Ideen, die Erzieher und Tänzer auf der ganzen Welt beeinflußt haben. Unter anderem schreibt er dort:

> Es ist unsere Pflicht, im heranwachsenden Kinde die Freude am Leben, an der Bewegung und an der Arbeit zu wecken. ... Nur durch Tanz und Gymnastik ist es möglich, höhere Ideale im Kinde zu wecken, die es sein ganzes Leben lang wachhalten wird.

Hamburger Bewegungschöre Rudolf von Laban, Leitung Albrecht Knust

PHOT. G. RIEBICKE

SCHULE RUDOLF VON LABAN, BERLIN

Laban fügte diesem Buch ein klares, praktisches Übungsprogramm für Kinder bei.

Während seines langen Wirkens in Deutschland veröffentlichte Laban nicht viel, doch die wenigen Bücher und Artikel, die er schrieb, verhalfen ihm zu internationalem Ruhm.

Er hatte große Freude am persönlichen Kontakt zu seinen Tänzern und Schülern, aber auch zu Kindern und Arbeitern. Mit seinem kreativen Geist, seinen neuen Ideen und Lehren, seinen Tanzproduktionen und mit seiner gütigen Art wirkte er inspirierend auf jeden, der ihm begegnete.

Als Hitler 1933 in Deutschland die Macht ergriff, ging die Zeit der modernen, progressiven Erziehung und des kreativen künstlerischen Lebens in diesem Land zuende. Das Schlimmste, der Holocaust, hatte noch nicht begonnen, doch Laban war von Anfang an Gegner des Nazi-Regimes; er konnte und wollte unter dieser Regierung nicht arbeiten. Der christliche Adelige Rudolf von Laban verließ Deutschland nach den Olympischen Spielen des Jahres 1936.

Zunächst ging er von dort nach Paris, wo er krank wurde. In England kam er im Jahre 1938 krank und nahezu mittellos an. Er war nun fast sechzig Jahre alt.

Laban erhielt eine Einladung nach Dartington Hall in Devon, wo Kurt Jooss, Sigurd Leeder und Lisa Ullmann eine Tanzschule aufgebaut und die Elite der Tänzer und Reformpädagogen versammelt hatten. Dort wurde er – ihr früherer Lehrer – enthusiastisch als Meister empfangen. Leeder sagte in einem Interview mit John Foster: „Laban ist die Quelle unserer Inspiration, ein Genie der Bewegung."

Lisa Ullmann, Labans treue Assistentin, erklärte (wie Foster berichtet):

> Er entwickelte schöpferische Gedanken in jedem Bereich. Er war ein sehr altruistischer Entdecker. Er brachte Ideen hervor und überließ es uns, sie weiterzuentwickeln. Er hob uns alle über unseres vom neunzehnten Jahrhundert geprägtes Denken hinaus.

Der charismatische Laban half seinen Freunden, Mitarbeitern und Schülern nicht nur, ihre festen Gewohnheiten und ihr konservatives Denken zu überwinden, sondern weckte in jedem, mit dem er in Kontakt trat, das volle menschliche Potential. Die Menschen in seiner Umgebung gelangten durch seinen Einfluß zu größerer Klarheit im Fühlen und Denken, zu neuen Bewegungserfahrungen, zur Kontrolle über die eigenen Bewegungen und zu Bewußtheit.

Die zwanzig Jahre, die Laban in England wirkte, waren für ihn zunächst ein Neuanfang in einer fremden Umgebung und einer fremden Sprache. In diesen Jahren vertiefte er sein Denken und entwickelte seine Bewegungstheorien weiter; sie wurden zum Höhepunkt seines vielseitigen kreativen Lebens.

Labans Ziel war, seine Bewegungsanalyse wissenschaftlich zu erklären, und er veröffentlichte seine Entdeckungen über „Effort"-Kontrolle. Effort ist der innere Antrieb, der uns veranlaßt und es uns ermöglicht, uns zweckmäßig und richtig zu bewegen.

Mittlerweile war der Zweite Weltkrieg ausgebrochen, und Laban gab seine Tanzfestivals, Bühnenproduktionen und Bewegungschöre auf. Er konzentrierte sich auf Lehrtätigkeit, Schreiben und die Weiterentwicklung seiner Bewegungsnotation.

Im Jahre 1940 wurde die Kunstabteilung von Dartington Hall wegen der Kriegsereignisse geschlossen; die Mitarbeiter verloren sich zunächst aus den Augen. Laban wurde noch im gleichen Jahr gebeten, einen Bewegungskurs für Lehrer zu leiten. Dieser Kursus war ein solcher Erfolg, daß Laban anschließend (zusammen mit Lisa Ullmann) von der „Ling Physical Education Society" eingeladen wurde, weitere Kurse in seiner Methode der Bewegungslehre für Lehrer zu leiten.

In den folgenden Jahren wurden Labans Bewegungskurse von einer großen Zahl von Teilnehmern besucht. Die meisten dieser Lehrer, die in der damals maßgebenden skandinavischen Methode der Körpererziehung ausgebildet worden waren, wurden zu begeisterten Anhängern der Erziehungsmethode Labans.

Nach dem Krieg wurden Labans Bewegungstheorien und Lehrmethoden zum Kern einer völlig neuen Art sinnvoller Kör-

Mobiler
Metallrahmen

Springen
und Drehen

pererziehung, die sich in den englischen Schulen sowie auch in den Schulsystemen anderer Länder durchsetzte.

Der Krieg hatte natürlich Einfluß auf Labans Arbeit. Als er von F. C. Lawrence, einem prominenten Industriellen aus Manchester, gebeten wurde, die Möglichkeit der Anwendung seiner Bewegungsprinzipien im industriellen Arbeitsprozeß zu untersuchen, stellte Laban alle anderen Arbeiten ein und fing an, Fabriken zu besuchen. Laban sollte mit Hilfe seiner Methoden versuchen, die Leistungsfähigkeit der Arbeiterinnen zu steigern, die während des Krieges verstärkt in den Fabriken arbeiteten, weil die Männer als Soldaten dienten.

Die „Effort"-Kontrolle, die Laban und Lawrence in den Fabriken Manchesters einführten, bewirkte, daß plötzlich in 10-20 Stunden soviel geleistet wurde wie vorher in 100! Laban erklärte, seine „Effort"-Kontrolle sei nicht nur eine Technik zur Einsparung von Arbeitszeit gewesen, sondern sie habe „sich als Instruktions- und Ausbildungsmethode erwiesen, die die Freude an der Arbeit durch Bewußtheit und Übung ihres rhythmischen Charakters gesteigert" habe.

Ein anderes Ergebnis der Zusammenarbeit Labans mit Lawrence war ihr gemeinsames Buch *Effort*, das im Jahre 1947 erschien.

In diesem Grundlagenwerk beschreibt Laban seine Lebensphilosophie und seine Theorien über die Bewegungskontrolle, über bewußte Wahrnehmung durch Bewegung und über die Rolle des Efforts bei der Arbeit, beim Sport, beim Tanz sowie im alltäglichen Leben. Laban schreibt:

> Nur wenigen Menschen ist klar, daß ihre Zufriedenheit bei der Arbeit und ihr Glück im Leben sowie auch jeder persönliche und kollektive Erfolg von der vollkommenen Entwicklung und vom Einsatz ihres eigenen Efforts abhängig ist. ... Doch was Effort wirklich ist und wie diese wichtige Funktion des Menschen abgeschätzt und den spezifischen Notwendigkeiten des Lebens angepaßt werden kann, bleibt für die meisten Menschen ein ungelöstes Problem. ... Hier wird aus einem neuen Blickwinkel ein Versuch unternommen, in den Kern des menschlichen Efforts vorzudringen, ein Versuch, der aus der

lebenslangen Beschäftigung beider Autoren mit Bewegung in zwei unterschiedlichen Bereichen menschlicher Aktivität geboren wurde – Kunst und Arbeitswelt.

Ökonomie des Efforts läßt die Bewegungen von Fabrikarbeitern, Tänzern, Athleten, von jedermann beinahe mühelos erscheinen. Bewußte Wahrnehmung ermöglicht es dem Menschen, mit seinem Effort hauszuhalten: Die Aktion wird durch Verringerung der Anspannung verbessert. Effort eröffnet einen neuen Weg zur Verbesserung körperlicher und geistiger Aktivitäten.

Statt die Funktionen des Körpers auf rein mechanische Weise zu erklären, basiert Labans vollkommen neuartige Theorie der Bewegung auf vier Faktoren: Raum, Kraft, Zeit und Bewegungsfluß. Diese vier Bewegungsfaktoren sind in allen Aktivitäten des alltäglichen Lebens immer miteinander vermischt – in der Arbeit, im Tanz, in der Gymnastik, im Spiel etc.

Laban erklärt, wie die Bewegungsanalyse ermöglicht, den Effort zu kontrollieren, und wie sie uns zu einem vertieften Bewußtsein unserer Handlungen führt.

Er schreibt:[2]

> Es ist leicht zu erkennen, ob eine unzulängliche Handlung mit übertriebenem oder mit zu geringem Kraftaufwand ausgeführt wird, und man kann auch feststellen, ob der Effort durch Übermaß oder durch ein Zuwenig fehlgeht. ... Die Bewegung kann zum falschen Zeitpunkt, zu schnell oder zu langsam erfolgen. Entscheidend ist, wie die *Beherrschung* der *gewichtsbewegenden Kraft* mit der Beherrschung der Fortbewegung durch Zeit und Raum in Einklang steht. Das Verhältnis zwischen diesen Bewegungsfaktoren bestimmt den Grad der Ökonomie des aufgewandten Efforts.

Die richtige Proportion zwischen Raum, Kraft und Zeit und die Beherrschung des Bewegungsflusses ist nach Laban „das Ziel der Beobachtung, aus der jede wissenschaftliche Analyse ihre Schlußfolgerungen ziehen kann".

Wie Laban schreibt, erwirbt man die Fähigkeit zur Bewältigung von Alltagsaufgaben sowie auch für gymnastische, sportliche und tänzerische Aktivitäten „durch allmähliche Verfeinerung des Bewegungsgefühls. Jedes Training muß dieses Gefühl fördern, das seinem Wesen nach die Erweckung des Sinnes für die Proportion zwischen den verschiedenen Bewegungsfaktoren ist, der inneren Impulse, in denen die Bewegung ihren Ursprung hat. Innere Impulse implizieren die Anwendung unseres Willens, unseres Geistes, unseres Intellekts, unserer Sinne und unserer Gefühle, um uns selbst zu verstehen und zu beherrschen und uns unserer Handlungen *gewahr zu werden*".

Ruth Foster, staatliche Inspektorin für Körpererziehung in England, und viele von Labans enthusiastischen Schülern verschafften seinen Bewegungstheorien Eingang in das Curriculum der Körpererziehung an britischen Schulen.

Ruth Morrison schreibt in ihrem Buch *A Movement Approach to Educational Gymnastics*[3]:

> Das Meistern neuer Bewegungsfertigkeiten erfordert eine bestimmte Menge an Zeit und Energie (Gewicht), Raum wird genutzt, und die Bewegung fließt von ihrem Anfang bis zu ihrem Ende. ... Wenn ein menschliches Wesen sich bewegt, weil Denken, Wille und Gefühl sowie auch der Körper beteiligt sind, gewinnt die Bewegung eine neue Dimension in Qualität und Quantität.

Während der sechziger und siebziger Jahre erschienen viele ausgezeichnete Bücher, in denen die (potentielle) Auswirkung von Labans Theorien auf die Körpererziehung in Schulen und Colleges untersucht wurde. Die neuen Methoden der Körpererziehung hatten zwar unterschiedliche Namen – „Moderne erzieherische Gymnastik", „Erziehung durch Bewegung", „Gymnastiklehre", „Grundlegende Bewegungserziehung für Kinder", „Kreativer Tanz in Grundschulen" und viele andere –, doch ihnen allen lagen Labans Prinzipien zugrunde.

Die Gegner der neuen Methode wenden ein, daß bei dieser neuartigen Form des Unterrichts die Kinder doch nur spielen würden, statt systematisch zu üben.

Ich hatte das Glück, beobachten zu können, wie schon Anfang der fünfziger Jahre Labans moderne Körpererziehung an den britischen Schulen eingeführt wurde. Auf der Grundlage von Labans Bewegungstheorien entwickelte sich, wenn man sie mit Verständnis für die Bedürfnisse der Schüler anwandte, ein wohlstrukturierter Unterricht, bei dem umfassende Aktivität gewährleistet war.

Labans Philosophie von der „Einheit" des Menschen, von der Macht der Bewegung, die bislang unerkanntes Potential bei jedem Mann, bei jeder Frau und jedem Kind zum Vorschein bringt, sowie seine Erklärung der vier Faktoren der Bewegung haben mich in meiner eigenen Lehrtätigkeit stets geleitet.

Ich halte meine Schüler immer wieder dazu an, eine Vielzahl wohldurchdachter Bewegungsaufgaben zu lösen. Als Anhängerin der Lehren Labans versuche ich die latenten Bewegungsmöglichkeiten jedes Schülers zu wecken und zu entwickeln und ihn zum *Erfolg* zu leiten.

Kindergarten- und Elementarschulkinder haben viel Freude daran, zu entdecken, was ihr Körper alles kann. Ihr angeborener Drang, sich zu bewegen und sich in der Bewegung zu üben, ist so stark, daß es eigentlich nur am Verständnismangel des Lehrers liegen kann, wenn sie den Körpererziehungsunterricht nicht mögen. Doch dieser Bewegungsdrang und die Motivation, aktiv am Sport- und Gymnastikunterricht teilzunehmen, nimmt in der Höheren Schule und während der Studienzeit ab. Die Veränderungen der Adoleszenz erreichen in dieser Zeit ihren Höhepunkt, und besonders Mädchen verlieren häufig das Interesse an kraftvollen Bewegungen, Sport, Tanz und Spiel.

Wenn ich Mädchen im Adoleszenzalter unterrichte, versuche ich, sie dazu anzuhalten, die Veränderungen in ihrem eigenen Bewegungsverhalten zu beobachten und aktiv zu beeinflussen. Die Fähigkeit, die Qualität der eigenen Bewegungen zu beobachten und sich dessen bewußt zu werden, wie sich die Bewegungsfaktoren ohne unnötige Anstrengung miteinander verbinden lassen, ist der Kern der Motivation und des Erfolgs meiner Schüler der höheren Schulklassen und von den Universitäten.

Sie lernen, daß die Kontrolle der vier Bewegungsfaktoren, wie sie Laban lehrte, die Qualität jeder Handlung bestimmt. Raum, Zeit, Kraft und Bewegungsfluß sind stets miteinander verwoben;

Langsame
und sanfte
Bewegung

sie sind grundlegend für das Verständnis des Efforts und für das Bewußtsein des eigenen Bewegungsverhaltens (siehe Nachwort zum Laban-Essay Seite 47).

Meine Schüler lernten dies und machten von Unterrichtsstunde zu Unterrichtsstunde Fortschritte. Durch Beobachtung, Kontrolle und Analyse veränderten die Heranwachsenden ihre Haltung, ihre Gewohnheiten, lernten die Gewichtsverlagerung und entwickelten ihr Gleichgewichtsgefühl. Sie lernten, beim Gehen, Springen und Klettern das Gleichgewicht zu halten und fingen an, sich für die Entwicklung besonderer Fertigkeiten zu interessieren und ihre Leistungen im Gymnastikunterricht wie auch bei den Aktivitäten des Alltagslebens zu verbessern.

Den Schülern machte es Freude zu lernen, sich schlechte Gewohnheiten abzugewöhnen und einen gesunden und schönen Körper zu entwickeln, wie man seiner selbst bewußt wird und wie man Glück und Erfüllung findet.

Mein Unterrichtsplan ist immer so angelegt, daß die verschieden veranlagten Schüler zu ausgewogenen Aktivitäten angehalten werden. Individualisierter Unterricht auf der Grundlage von Labans Prinzipien erfordert gründliche Vorbereitung von seiten des Lehrers. Der Lernfortschritt muß ebenso berücksichtigt werden wie die Unterschiede zwischen den einzelnen Schülern. Obwohl jede Unterrichtsstunde auf einem bestimmten Bewegungsthema basiert, bin ich für die Stimmungen und Vorschläge der Schüler offen. Diese Arbeit mit Jugendlichen ist eine ständige Herausforderung für mich, die Lehrerin, und natürlich auch für die Schüler.

Das Meistern neuer Bewegungsfähigkeiten weckt bei den meisten Schülern das Interesse, nachmittags verschiedenen Freizeitaktivitäten nachzugehen, und bei vielen von ihnen bleibt dieses Interesse auch nach der Schul- oder Collegezeit erhalten.

Die Analyse ihrer Bewegungserfahrung, die wachsende Bewußtheit ihrer selbst, die Möglichkeit, Körper und Geist zu entwickeln sowie auch Fähigkeiten zu verbessern, weckt bei Schülern aller Altersstufen Motivation und echte Begeisterung für Bewegung, Sport, Spiel und Tanz in allen Formen, die während ihres ganzen weiteren Lebens erhalten bleibt.

Labans Theorien halfen mir auch, neue Möglichkeiten zu finden, um kulturell benachteiligten und retardierten Kindern zu helfen. Was sind die charakteristischsten Merkmale von Kindern, die in sozial und kulturell benachteiligten Familien aufgewachsen sind? Und auf welche Weise fördert Bewegungserziehung nach den Prinzipien Labans ihre Rehabilitation? Diese Kinder leiden unter einem negativen Körper-Selbstbild. Ihnen fehlt das Konzept des Raums. Sie haben eine sehr schlechte Zeitorientierung und kein Verständnis für Form, Schwerkraft oder Fluß.

Durch Anwendung der Grundfaktoren von Labans Bewegungslehre in meinem Unterricht mit diesen Kindern fand ich heraus, daß motorische Anregungen sich mit Wahrnehmungsprozessen verbinden und so zum Verständnis von Raum, Zeit, Form, Schwerkraft und Fluß führen.

Nach Piaget[4] ist die Internalisierung der Bewegung für den Wahrnehmungskontakt mit der Wirklichkeit ausschlaggebend – z. B. für das Verständnis der „Symbole" (Buchstaben und Zahlen), die von diesen Kindern in ihrer neuen Heimat Israel mit der ungewohnt neuen Kultur benutzt werden.

Das Erfolgserlebnis im Bereich der Bewegung und des Sports ist die Quelle zur Stärkung des Selbstwertgefühls, des positiven Körperbildes und des Selbstkonzepts. Durch Bewegungserziehung nach Labans Prinzipien werden neue Ressourcen des Denkens und Fühlens und der Freude am Lernen geweckt und entwickelt.

Doch Prinzipien allein genügen nicht. Laban hat immer auf die grundlegende Bedeutung der Lehrer/Schüler-Beziehung hingewiesen. Nur wenn sich zwischen beiden eine echte Beziehung und Empathie entwickelt, kann der Lehrer dem Kind helfen und sein angeborenes Potential wecken.

In meiner Arbeit mit kulturell benachteiligten und retardierten Kindern hat sich fast immer eine enge Beziehung und gegenseitiges Vertrauen entwickelt. Der Schwerpunkt der Arbeit lag dabei auf den speziellen Bedürfnissen jedes Kindes, und jedes von ihnen entwickelte eine individuelle Beziehung zu mir.

Claude, ein großer, gutaussehender hyperkinetischer Junge, bewegte sich ständig und redete unaufhörlich. Das Schwergewicht meiner Arbeit mit ihm lag auf der Entwicklung von Konzentration, Gleichgewichtssinn, Zielorientiertheit und auf Spielen, die seiner hyperkinetischen Veranlagung entgegenwirkten, ihn im Raum leiteten und seine Lernfähigkeit weckten.

Yitzak hingegen redete überhaupt nicht. Er war für sein Alter klein, spielte nie mit anderen Kindern und nahm auch nie an irgendwelchen Aktivitäten in der Vorschule teil. Wie Claude war er fünf Jahre alt, doch wirkte er wesentlich jünger. Sein Lehrer erklärte, dieser Junge sei eben „retardiert", und er würde überhaupt nicht reagieren. Ich spielte mit ihm mit einem großen Ball. Er mochte den Ball, die persönliche Zuwendung und mich als Person. Ich arbeitete mit ihm an der Internalisierung der grundlegenden Bewegungskonzepte. Später war er motiviert genug, um zu reden und in einfachen Worten zu erklären, was er „spielte". Die Aktion und das Verbalisieren machten ihm offensichtlich Spaß. Allmählich lernte er die Grundkonzepte Raum, Zeit, Form, Gewicht und Fluß zu begreifen. Er lernte, daß Lernen Spaß macht und daß Reden nicht schwierig ist, und allmählich entwickelte er auch Kontakt zu gleichaltrigen Kindern. Nach fünf Monaten intensiver Laban-Bewegungsarbeit war dieser kleine Junge nicht mehr „retardiert" – der richtige Stimulus hatte sein angeborenes Potential geweckt.

Bei der aufgeweckten, wunderschönen *Inbal* arbeitete ich besonders an der Verfeinerung ihrer Fähigkeiten, an der Präzisierung des Ausdrucks, an der Entwicklung der Kreativität und am Bewegungsfluß.

Rachel stammte aus einer Familie mit 15 Kindern, die vor Rachels Geburt nach Israel immigriert war. Rachel wirkte zwar ziemlich ungepflegt, sie war aber ein recht attraktives Mädchen von fünfeinhalb Jahren. Sie war groß, sehr dünn und wirkte unterernährt und unglücklich. Ihr I.Q. lag bei nur 75, doch hatte sie ihren natürlichen Bewegungsdrang nicht verloren und verfügte über eine gute Raumorientierung. Alle ihre Reaktionen waren sehr langsam, als ob sie ständig Angst hätte. Ihr Körper-Selbstbild war ziemlich negativ, und Selbstvertrauen fehlte ihr völlig. Als ich sie bei der Hand nahm, um mit ihr zu spielen, hielt sie meine Hand fest und fragte: „Willst du wirklich mit mir spielen und mir

Yitzhak führte
die Gruppe

Rachel und Yitzak
konzentrieren sich
auf das Springen auf ein Ziel

etwas beibringen?" Allmählich entwickelte sie Vertrauen zu mir sowie die Motivation zu lernen und erfolgreich zu sein. Im Unterricht entdeckte sie das große Spektrum ihrer Möglichkeiten. Sie fing an, sich in der Bewegung frei auszudrücken, war sehr ausdauernd und wiederholte ihre Bewegungssequenzen und neuerworbenen Fähigkeiten immer wieder, bis sie das Gefühl hatte, sie gemeistert zu haben. Sie entwickelte ihren Gleichgewichtssinn, Ausgeglichenheit und Selbstsicherheit, und mir schien es, als würde ihre Persönlichkeit von einer Unterrichtsstunde zu nächsten wachsen.

„Die anregende Kraft, die Bewegung auf den Geist ausübt...", wie Laban schrieb, äußerte sich klar in den Fortschritten dieser Kinder.

Die obigen Kurzbeschreibungen von Fallstudien sind Teil eines Forschungsprojektes, das ich vor einigen Jahren in Beersheva, Israel, leitete. Im Rahmen dieses Projektes demonstrierte ich die Bedeutung von Labans Theorien für die Rehabilitation kulturell benachteiligter und retardierter Kinder. Die Kinder der Experimentalgruppe hatten ungeheuren Spaß an den Unterrichtsstunden. Sie entwickelten Orientierung in Zeit und Raum, wurden sich ihres Potentials bewußt und lernten, die Bedeutung der Schwerkraft und des Bewegungsflusses zu verstehen. Die Veränderung ihres Körperbildes und die Entstehung eines positiven Selbstbildes befähigten sie zu lernen, zu verstehen, glücklicher zu werden und sich in die Kultur und Erziehung des modernen Israels zu integrieren.

Mir scheint, als ob bewußte Wahrnehmung durch Bewegungserfahrung ausschlaggebend für den Unterricht in Körpererziehung, Sport, Tanz und Spiel – für Bewegungsschulung in jeder Form – an Schulen und Universitäten ist. Ich habe hier versucht, ganz kurz zu skizzieren, wie Laban meine eigene Arbeit mit kulturell benachteiligten Kindern, mit Kindergartenkindern, Grundschulkindern und Jugendlichen beeinflußte. Labans Arbeit war für mich eine dauerhafte Grundlage und eine ständige Quelle der Inspiration. Ich bin der Meinung, daß Laban dem Studium der menschlichen Bewegung sowie auch dem Unterricht in diesem Bereich völlig neue Perspektiven eröffnet hat, die von seinen vielen Anhängern und Bewunderern sicherlich unterschiedlich wahrgenommen und interpretiert wurden.

Eine höchst interessante Weiterentwicklung von Labans Arbeit – neue Anschauungen und eine neue Gesamtperspektive – entwikkelte sich in London am „Laban Centre for Movement and Dance“.

Im Jahre 1979 fand an diesem Centre das „Laban Centenary Symposium“ statt. Repräsentanten aus vielen Ländern – den USA, Australien, Israel, Kanada, Südafrika und sogar aus der Volksrepublik China sowie aus den meisten europäischen Ländern – diskutierten über den Einfluß Labans auf ihre Lehrtätigkeit. Labans Schüler – Lisa Ullmann, Sigurd Leeder, Betty Meridith Jones, Irmgard Bartenieff, Ann Hutchinson, Valerie Preston-Dunlop und viele andere – präsentierten hochinteressante Interpretationen von Labans Lehren und Theorien.

Im Jahre 1987 besuchte ich das Laban Centre in London erneut und hatte Gelegenheit, einige Unterrichtsstunden zu besuchen und insbesondere auch ein Kulturprogramm, das zum Abschluß des akademischen Jahres veranstaltet wurde. Einige Studenten führten Tänze auf, die sie als Bestandteil ihrer Ausbildung selbst kreiert hatten. Der hohe Leistungsstandard demonstrierte, wie Labans Bewegungsprinzipien durch junge, begeisterte Studenten weiterentwickelt werden, obwohl sie immer noch auf den gleichen Grundlagen basieren.

Dr. Marion North, die dynamische Leiterin des Londoner Laban-Zentrums und Autorin vieler Bücher auf dem Gebiet der Bewegungsanalyse und des Tanzes, erzählte mir, sie sei Laban erstmals während ihres Studiums am „Art of Movement Center“ in Manchester begegnet. Laban selbst hatte dieses ausgezeichnete Institut gegründet, und es wurde von Lisa Ullmann geleitet. Marion North hatte das Glück, von Laban persönlich ausgebildet zu werden, und sie arbeitete etwa zehn Jahre lang mit ihm zusammen. Als das Institut im Jahre 1953 nach Addlestone in Surrey verlegt wurde, war Marion North schon selbst Laban-Lehrerin.

Lisa Ullmann setzte sich 1973 zur Ruhe, und Marion North übernahm die Leitung des Zentrums, das noch im gleichen Jahr an das „Goldsmith College" der Universität London verlegt wurde. Hier leitete Frau Dr. North eine tiefgreifende Veränderung ein, indem Sie eine Institution schuf, deren Schwerpunkt der Tanz ist. Außer den ständigen Dozenten lud sie herausragende Lehrer und Tänzer aus England sowie aus dem Ausland ein. Sie initiierte viele neue Kurse in Tanzstudien, Forschung und Aufführungspraxis.

Labans Theorie über Effort und seine Ideen über Tanz – „Tanzen erfordert den ganzen lebendigen Menschen" – bleiben die Grundprinzipien des Londoner Zentrums, auch für den modernen Tanz. Die Kurse des Zentrums können mit akademischen Graden abgeschlossen werden – man kann dort Magister und sogar Doktor der Tanzforschung werden.

In meinem Gespräch mit Marion North erfuhr ich, daß das Zentrum unter ihrer Leitung zu einer der führenden Tanz-Erziehungsinstitutionen Englands geworden ist und daß es Studenten, Tänzer, Spezialisten und Lehrer aus vielen Ländern anzieht.

Am Ende meines Besuchs im Laban-Zentrum in London hatte ich auch das Vergnügen, mich mit Frau Dr. Valerie Preston-Dunlop unterhalten zu können. Ich hatte ihr „Handbuch der modernen Tanzerziehung" (1963) gelesen, in dem Labans 16 grundlegende Bewegungsthemen klar beschrieben werden; alle, die sich ernsthaft für die Labanmethode interessieren, sollten es unbedingt lesen.

Valerie Preston-Dunlop ist von Lisa Ullmann und von Laban ausgebildet worden. Sie war Tänzerin des British Dance Theater und des Jooss Ballet und Gründungsmitglied des International Council of Laban Kinetography. Ihre langjährigen Forschungen schloß sie mit dem Doktortitel ab. 1978 wurde sie ans Laban-Zentrum berufen, wo sie als Tutor für Magister- und Forschungsstudenten tätig ist. Ich war erstaunt darüber, eine so jung aussehende Frau zu treffen. Wie war es möglich, daß sie schon soviel in ihrem Leben geleistet hatte?[5]

In unserer viel zu kurzen Begegnung berichtete sie mir, sie sei zur Zeit damit beschäftigt, Labans Leben und Arbeit während seines Aufenthalts in Deutschland zu erforschen. Wir unterhielten uns über die verschiedenen Aspekte dieser Forschungsarbeit.

Laban-Centre: Technik-Kurs für Fortgeschrittene

Laban Centre: Technik-Kurs von Choreograph Santa Aloi

Nach meiner Rückkehr nach Israel traf ich in Jerusalem Rachel Bilsky-Cohen, eine bekannte Lehrerin in kreativer Bewegung, Tanzimprovisation und Komposition, die auch Labans Bewegungstheorien lehrt.

Sie wurde am Biram College in Haifa als Lehrerin für allgemeine akademische Studien ausgebildet und legte ihre Magisterprüfung am Teacher's College der Columbia University, New York, ab. Dort traf sie zufällig auf Betty Meridith Jones, eine frühere Assistentin von Laban, und nahm bei ihr Unterricht. Diese Unterrichtsstunden hinterließen einen tiefen Eindruck bei Rachel und veranlaßten sie, ihr akademisches Ferienjahr am Laban-Zentrum in Addlestone, England, zu verbringen. Sie verließ also Columbia, um nach Addlestone zu gehen. Sie beschrieb Addlestone als wundervolles Landgut mit hervorragenden Einrichtungen am Art of Movement Centre. Laban hatte dort eine geräumige Wohnung, in der er arbeitete und sein Archiv hatte.

Die Organisatorin und Hauptlehrerin der Kurse, Lisa Ullmann, gab ausgezeichneten Unterricht. Sie eröffnete Rachel völlig neue Aspekte der Kunst der Bewegung – Labans großartige, komplexe und doch im Grunde einfache Theorien.

Laban selbst tauchte nur gelegentlich auf. „Mit dem Nimbus eines Gottes, der vom Himmel zur Erde niedersteigt, erschien er bei uns", sagte Rachel.

Laban war noch im hohen Alter ein gutaussehender, vitaler und dynamischer Mann. Seine seltenen Vorträge und praktischen Übungen waren äußerst interessant und wirkten immer frisch und originell. Er erwartete von allen seinen Schülern Aufmerksamkeit, bewußte Wahrnehmung und vollen Einsatz, und die Schüler folgten begeistert seinen Anweisungen.

Laban hatte eine ungeheuer starke persönliche Anziehungskraft, er war auch sehr gütig und an allen Schülern persönlich interessiert; er redete mit ihnen wie ein Freund oder Vater.

Rachel war nicht nur von Labans Charisma gefesselt, sondern vor allem von seinen progressiven Ideen. Als sie nach Israel zurückkehrte, setzte sie das Studium seiner Theorien fort, sie machte sie sich zu eigen, entwickelte sie weiter und fand darin ihre Berufung. Später wurde sie eingeladen, an angesehenen Institutionen in Jerusalem zu lehren, wo sie die Möglichkeit hat, führenden Erziehern, Tänzern und Kunststudenten ihre eigene Begeisterung für kreative Bewegung auf der Grundlage von Labans Theorien zu vermitteln.

In Jerusalem führte ich auch ein Gespräch mit Shalom Hermon[6]. Er betonte bei diesem Anlaß den Einfluß von Labans Methode auf die Körpererziehung an israelischen Schulen. Shalom Hermon hat einmal an einem Sommerkurs in Addlestone teilgenommen. Seine wichtigsten Lehrer dort waren Jordan und Ullmann gewesen. Laban selbst lehrte bei diesem Kurs nicht, doch Hermon lernte ihn in einem Gespräch kennen. Herr Hermon sagte, Laban habe noch in diesem hohen Alter blendend ausgesehen und sich sehr für die Bedeutung des Tanzes in Israel interessiert. Er sei erstaunt darüber gewesen, daß sich in Israel so viele Männer am Volkstanz beteiligen. Laban wollte auch mehr über die in der Bibel erwähnten Tänze erfahren und auch wissen, ob und wie die israelischen Tänze zu ihren Ursprüngen zurückstreben. Er erklärte Shalom Hermon, man müsse versuchen, das 20. Jahrhundert im Tanz auszudrücken. Er schlug die Gründung von Bewegungschören in Israel vor, wobei die Choreographie der Vorführungen mittels der Laban-Notation für die nächste Generation erhalten werden sollte. Am Ende des Gesprächs sagte er, Hermon solle sich glücklich schätzen, daß er die Tänze der Bibel studieren könne, daß er mit Kindern und Jugendlichen, Männern und Frauen zusammenarbeite, die Tänze der verschiedenen Gemeinschaften kennenlerne und im modernen Staat Israel neue Tänze kreieren könne.

Shalom Hermon sagte mir: „Laban war eine außerordentliche Persönlichkeit; meine Begegnung mit ihm war eines der wichtigsten Ereignisse meines Lebens."

Der Kurs in Addlestone, das Gespräch mit Rudolf Laban und die anschließende Beschäftigung mit dessen Bewegungstheorien inspirierten ihn dazu, die Gymnastikerziehung nach Laban – bei uns in Israel wird sie als „Englische Methode" bezeichnet – zu erproben und sie anstelle der formelleren schwedischen Gymnastik in den israelischen Schulen weitgehend einzuführen.

Doch dauerte es Jahre, die Gymnastiktradition zu verändern, und der Prozeß ist immer noch nicht völlig abgeschlossen.

Dr. David Eldar, der Direktor des Colleges für Körpererziehung im Wingate-Institut[7] bei Natanya, Israel, schrieb seine Doktorarbeit an der Universität Birmingham über die Auswirkungen der Englischen Bewegungslehre sowie der traditionellen schwedischen Methode auf die Schulgymnastik[8]. In seiner Untersuchung legt er die Überlegenheit der Englischen Methode dar, doch erklärte er mir kürzlich, an seinem College würden nur wenige Lehrer versuchen, die Grundlagen der Theorien Labans bei der Schulung der neuen Generation zu nutzen.

Am College für Körpererziehung in Beersheva[9], das ich 1963 im Auftrag des Erziehungsministeriums eröffnete, basierte das gesamte Studienprogramm für Körpererziehungslehrer auf Labans Prinzipien.

In den Vereinigten Staaten gründete Irmgard Bartenieff das „Laban-Bartenieff Institute of Movement Studies", das von Studenten, Tänzern und Lehrern aus vielen Ländern besucht wird. Das Institut unterhält eine freundschaftliche Beziehung zum Laban-Zentrum in London, aber Frau Dr. North schrieb: „Es besteht keine Verbindung bezüglich der Arbeit, die sich in völlig unterschiedliche Richtungen entwickelt hat."[10]

Die Kurse in den USA sind sehr vielfältig. Der Schwerpunkt liegt auf Tanztherapie, Bewegungsschulung, Erweiterung des Körperbewußtseins und Erforschung und Meisterung funktionaler Aspekte der Bewegung. In speziellen Sommerprogrammen wird außer Tanztechniken, Choreographie auch die Feldenkraismethode und die Alexandertechnik gelehrt. Das Institut befindet sich in Manhattan, New York, und steht in engem Kontakt zum „Dance Notation Bureau", an dem hauptsächlich die Laban-Notation gelehrt und weiterentwickelt wird.

Labans „erzieherische Gymnastik", die die Körpererziehung an britischen und israelischen Schulen sowie auch den Körpererziehungsunterricht in vielen anderen Ländern beeinflußt hat, hat im amerikanischen Schulsystem keine Spuren hinterlassen. Jedoch ist kreativer Tanz als schulische Freizeitaktivität mancherorts sehr populär. Professor Jacqueline Haslett von der Fakultät für Kör-

Laban/Bartenieff-Institut: Irmgard Bartenieff demonstriert

pererziehung der Universität Massachusetts in Boston ist eine der überragenden amerikanischen Laban-Lehrerinnen; sie hat die Laban-Notation und Labans Bewegungstheorien erfolgreich in das Curriculum ihres Instituts eingeführt. An der Ohio State University, der Antioch University West, California, der New York University und am Brooklyn College wird die Laban-Arbeit nur als Kurs im Rahmen des Dance Departments angeboten.

Während meines Besuchs in den USA im Jahre 1987 erfuhr ich, daß auch an anderen Universitäten sowie an einigen progressiven Schulen Interesse an Labans Arbeit besteht.

Um dieses Essay abzuschließén und den Einfluß von Laban auf die Welt von Morgen aufzuzeigen, möchte ich noch einige Zitate von Labans wichtigsten Schülern anführen und noch einmal Lisa Ullmanns Tätigkeit würdigen.

Mary Wigman[11] sagte: „Laban war mein Lehrer ... der treibende Geist, er öffnete mir die Tore zu einer Welt, von der ich geträumt hatte. ... Seine Vitalität schien grenzenlos. ... Er war ein wundervoller Improvisator. ... Laban verfügte über die außergewöhnliche Gabe, die künstlerische Ausdrucksfähigkeit seiner Schüler befreien zu können, sie zu befähigen, ihre eigenen Wurzeln zu finden..., ihr eigenes Potential zu entdecken."

Ann Hutchinson[12] schreibt in der Einleitung zu ihrem Buch: „Labans Tod im Jahre 1958 vermochte die ständige Erweiterung seines Einflusses als wegweisende Kraft aller Bewegungsforschung nicht zu mindern. Die Klarheit und die Weite seiner Vision hat viele dazu inspiriert, seine Arbeit in den verschiedensten Bereichen weiterzuführen. ... Dieses Buch ist als Tribut an diesen großen Mann geschrieben und als Eingeständnis unserer unermeßlichen Schuld ihm gegenüber."

Irmgard Bartenieff[13] schreibt: „Wer jemals mit Laban gesprochen hat, konnte sich kaum des Eindrucks erwehren, einem Visionär begegnet zu sein, einem magischen Beschwörer der Bewegung, einem abstrakten Mathematiker und Architekten des geometrischen Raums, einem Sozialphilosophen und Propheten, einem Erzieher und Choreographen neuer Dimensionen. Bei einer so vielseitigen Persönlichkeit und einer solchen Vielfalt von Ideen und Bewegungsübungen mußte unweigerlich auch die Gruppe seiner Anhänger und Schüler sehr vielfältig sein, keineswegs eine homogene Gruppe..."

Lisa Ullmann[14] war schon in Labans Bewegungschören in Berlin (1925) als Tänzerin aktiv gewesen. Sie wurde Schülerin und treue Assistentin ihres bewunderten Meisters. Später machte sie Laban in England mit den britischen Körpererziehungslehrern bekannt und half daher mit, die auf Labans Bewegungsanalyse basierende „Moderne Gymnastikerziehung" in das britische Schulsystem zu integrieren.

Lisa Ullmanns größter Beitrag, um Labans Leistung in uns wachzuhalten, ist die Kommentierung und Herausgabe seiner beiden wichtigsten Schriften, die die moderne Tanz- und Bewegungserziehung entscheidend beeinflußt haben und immer noch beeinflussen: *Mastery of Movement* und *Choreutics.*

Nachwort zum Laban-Essay

Die vier Bewegungsfaktoren unseres *Efforts* sind immer miteinander verwoben, wie ich im obigen Essay zu erklären versucht habe und wie die folgende Grafik* noch einmal verdeutlicht.

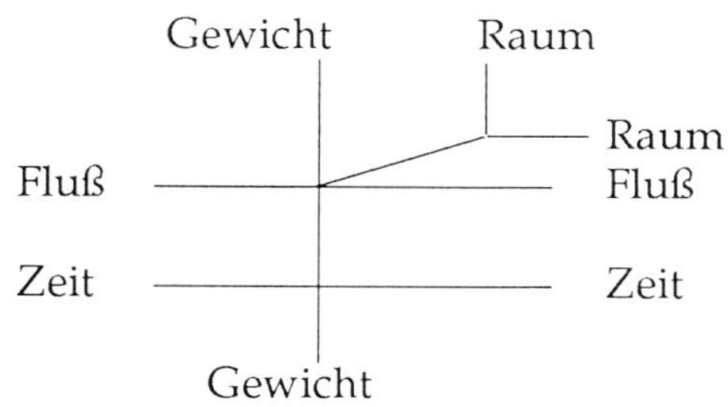

Meine eigene praktische Arbeit, die auf Labans Prinzipien basiert, möchte ich wie folgt zusammenfassen:

Warum

Bewußte Selbst-Kontrolle des Efforts, Aufnahmefähigkeit, Bewegungserfahrung, Herausforderung, Verbesserung der Fähigkeiten, Kreativität, geistige und physische Gesundheit.

* Die Grafik und die in diesem Nachwort enthaltenen Informationen basieren auf Rudolf Labans Buch „The Mastery of Movement" (3. Auflage, erweitert und überarbeitet von Lisa Ullmann, Verlag MacDonald & Evans, London 1971); die vorliegende Wiedergabe erfolgt mit frdl. Erlaubnis von Pitman Publishing, London 1987.

Was

Alltagsbeschäftigungen, Hausarbeit, Fabrikarbeit, Freizeit-Aktivitäten, Spiel, Sport, Tanz, Gymnastik usw.

Einige Beispiele für die vielen Bewegungsthemen sind: Haltung, Gewichtetragen und Gewichtsverlagerung. Gleichgewicht. Abheben und Landen. Strecken, Beugen, Entspannen... Partnerarbeit und Gruppenarbeit – Angleichung, Gegensatz usw.

Wo

Persönlicher Raum: nahe am Körper und weit weg...
Richtungen: eng – weit, aufwärts – abwärts, seitwärts usw.
Niveau: hoch, mittel, niedrig.

Allgemeiner Raum: nahe am Anfang und weit in den Raum
Richtungen: links – rechts, über – unter, vorwärts – rückwärts, rundherum, gerade.
Niveau: hoch, mittel, niedrig.

Wie

Zeit: Rhythmus, schnell – langsam, ansteigend – abfallend, plötzlich – langanhaltend usw.
Kraft: stark, leicht, schwer...
Fluß: gebunden, fließend, kontinuierlich, unterbrochen, gleichzeitig...

Bibliographie

Bücher und Artikel von Laban

deutsche Publikationen:

Die Welt des Tänzers, W. Weifert, Stuttgart 1920.
Des Kindes Gymnastik und Tanz, Stalling, Oldenburg 1926.
Gymnastik und Tanz für Erwachsene, Stalling, Oldenburg 1926.
„*Tänzerische Gymnastik*“, in: *Pallat* und *Hilter* (Hrsg.), *Künstlerische Körperschulung,* Hirt, Breslau 1926.
Choreographie, E. Diederichs, Jena 1926.
Deutsche Tanzfestspiele, C. Reimer, Dresden 1934.
Ein Leben für den Tanz, C. Reimer, Dresden 1935.

englische Publikationen:

Effort (zusammen mit F. C. Lawrence), MacDonald & Evans, London 1947.
Modern Educational Dance, MacDonald & Evans, London 1948.
The Mastery of Movement (herausgegeben von Lisa Ullmann), MacDonald & Evans, London 1963.
Choreutics (herausgegeben und kommentiert von Lisa Ullmann), MacDonald & Evans, London 1966.

Bücher und Artikel, die in diesem Essay über Laban verwendet wurden:

Bartenieff, I.: The Roots of Laban Theory: Aesthetics and Beyond, in: *Adaptions of Effort Theory in Research and Teaching,* Dance Notation Bureau, New York 1973.
Bilbrough & Jones: *Physical Education in the Primary School,* University of London Press, London 1969.

Foster, J.: *The Influence of Rudolf Laban*, Lepus, London 1977.
Friedmann, E.: The Influence of Movement on Culturally Deprived Children, in: *Gymnasium*, Bd. VIII, ICHPER, Washington D. C. 1971.
— The Therapeutic Value of Movement and Sport, in: *Adapted Physical Activities*, edited by Alan Brown and others, published for APA by J. Lee, London 1984.
— Analysis of Movement Experience, in: *Proceedings of 26th ICHPER World Congress*, Wingate, Israel, 1984.
Hutchinson, A.: *Labannotation*, Oxford University Press, London 1972.
Mauldon & Layson: *Teaching Gymnastics*, MacDonald & Evans, London 1965.
North, M.: *Personality Assessment through Movement*, MacDonald & Evans, London 1972.
Morison, R.: *A Movement Approach to Educational Gymnastics*, Dent, London 1971.
Preston-Dunlop, V.: *A Handbook of Modern Educational Dance*, Mac Donald & Evans, London 1963.
Russell, J.: *Creative Dance in the Primary School*, MacDonald & Evans, London 1965.
Thornton, S.: *A Movement Perspective of Rudolf Laban*, MacDonald & Evans, London 1971.
Her Majesty's Stationary Office: *Physical Education in the Primary School: Moving and Growing, Planning the Programme*, London 1952.

Frederic Matthias Alexander

(1869-1955)

John Dewey, der bedeutende amerikanische Erzieher, schrieb in der Einleitung zu Alexanders Buch *The Use of Self*[15], daß Alexander das Prinzip der zentralen und bewußten Kontrolle entdeckt habe. Dewey erklärt detailliert, warum die „Alexandertechnik ... die Verheißung und die Möglichkeit der Neuorientierung enthält, derer die gesamte Erziehung bedarf..." Dewey fährt fort, er habe durch persönliche Erfahrung alles verifiziert „was Alexander über die Einheit des Physischen und Psychischen im Psychophysischen sagt, über unseren habituell falschen Umgang mit uns selbst und darüber, wie dadurch die verschiedensten Arten von unnötigen Spannungen erzeugt werden und Energie verschwendet wird, über die Aktivierung unserer sensorischen Bewertungen, die das Material für unsere Urteile über uns selbst bilden, über die uneingeschränkte Notwendigkeit der Hemmung gewohnheitsmäßiger Handlungen... Die Alexandertechnik gibt dem Erzieher einen Standard für psychophysische Gesundheit an die Hand, welcher das, was wir als Moral bezeichnen, einschließt... Sie liefert somit die Voraussetzungen für *alle speziellen Erziehungsprozesse...*"

Dewey schrieb ähnlich enthusiastische Einleitungen zu anderen Büchern Alexanders und trug auf diese Weise dazu bei, daß dieser bekannt und in der akademischen Welt akzeptiert wurde. Doch waren viele Lehrer und Erzieher kinästhetisch so „verdorben", daß sie gar nicht verstanden, was Dewey zu erklären versuchte. Leute, die weder mit Alexander noch mit einem seiner Lehrer gearbeitet hatten, griffen ihn an. Noch gegen Ende seines erfolgreichen Lebens wurde Alexanders Arbeit von Professor E. Jokl, einem berühmten Sportwissenschaftler, als „Quacksalberei" bezeichnet. Alexander strengte daraufhin in Johannesburg eine Verleumdungsklage gegen Jokl an, die er gewann. Der menschliche und wissenschaftliche Wert der Alexandertechnik hatte der Anfechtung standgehalten.

Schon gegen Ende des 19. Jahrhunderts hatte Matthias Alexander in seiner Heimat Australien damit begonnen, eine Technik zur bewußten Kontrolle von Geist und Körper zu entwickeln. Alexander war Autodidakt – er war weder Akademiker, noch hatte er eine medizinische Ausbildung. Er entwickelte seine Technik durch Experimentieren, durch seine scharfe Beobachtungsgabe, durch Ausdauer und außergewöhnliche Intelligenz.

Frederic Matthias Alexander wurde am 20. Januar 1869 in einer australischen Kleinstadt geboren. Er beendete nie die Mittelschule, sondern erhielt abends Privatunterricht und verdiente sein Geld mit Gelegenheitsarbeiten. Schließlich zog er nach Melbourne, wo er sich entschloß, Schauspieler zu werden. Im Jahre 1890 trat er viel als Rezitator und Schauspieler auf. Er war in seinem Beruf relativ erfolgreich, doch manchmal wurde er mitten in der Aufführung heiser oder verlor sogar völlig seine Stimme. Ärztliche Behandlung, Medikamente und Ruhe halfen ihm jeweils nur für kurze Zeit. Schließlich hörte Alexander auf, Ärzte um Rat zu fragen und entschloß sich, die Ursache seiner Heiserkeit selbst herauszufinden. Dieser Entschluß leitete eine völlig neue Entwicklung in Alexanders Leben ein, die ihn zu seinen Entdeckungen führte.

Alexander fing an, seine Bewegungen mittels verschiedener Arten von Spiegeln zu beobachten. In dieser Periode der Selbstbeobachtung entdeckte er die Ursache für seinen Stimmverlust. Er hatte die Gewohnheit, beim Sprechen seinen Kopf leicht zurück und abwärts zu bewegen, und dies war seiner Meinung nach der Grund für die Heiserkeit. Nun suchte er durch Experimentieren nach einer Möglichkeit, diese schlechte Angewohnheit zu verändern und den Organismus als einheitliches Ganzes zu stärken. Seine habituelle Reaktion auf den Stimulus des Sprechens war allgemeine muskuläre Verspannung. Alexander gab sich Direktiven, die zunächst zur Entspannung aller Halsmuskeln führten. Dann lernte er, sich „vorwärts und aufwärts" zu bewegen, statt den Kopf wie zuvor nach unten zu ziehen. Durch bewußte Kontrolle der Direktiven „vorwärts und aufwärts" wurde nicht nur seine Rückenmuskulatur gestreckt und verlängert, sondern auch seine alte Gewohnheit eliminiert. Das bewirkte eine Veränderung in seinem ganzen Wesen und entwickelte ein Gefühl kinästhetischer Leichtigkeit und eine gute Haltung.

Maisel[16] schreibt:

Außergewöhnlich ist, daß dieser junge Australier es zu seiner Lebensaufgabe machte, das Phänomen zu präzisieren, es in Worte zu fassen und es anderen mitzuteilen.

Alexander fuhr umsichtig und systematisch mit der Selbstbeobachtung fort, mit seinen Experimenten und mit der Entwicklung seiner „Arbeit", wie er seine Methode nannte. Schon 1907 begann er, über seine Entdeckungen zu schreiben und sie zu publizieren.

In seinem Buch *The Use of Self* (1932; *Der Gebrauch des Selbst*, Kösel 1988) beschreibt er seine Experimente ziemlich klar. Er schreibt: „1) [Ich] unterband jede unmittelbare Reaktion auf den Reiz, den Satz zu sprechen, 2) erteilte der Reihe nach die Direktiven für die ‚Primärkontrolle', die meinen Überlegungen zufolge am besten geeignet waren, während des Sprechens einen neuen, besseren Gebrauch meiner selbst zu erreichen, und 3) fuhr darin fort, mir diese Direktiven zu erteilen, bis ich glaubte, mit ihnen *in Kontakt* zu sein, um sie für die Verwirklichung meines Zieles anwenden und den Satz sprechen zu können."

Es begann als persönliche Erfahrung und wurde zu seiner „Entdeckung" der Notwendigkeit, alte, schlechte Gewohnheiten zu verändern und neue Direktiven und bewußte Kontrolle aufzubauen.

> Ich strebe eine Neuorientierung des Organismus als einheitliches Ganzes an, welche die betreffenden Symptome verschwinden läßt...[17]

Da Alexander sein neuerworbenes kinästhetisches Wissen anderen mitteilen wollte, fing er an, Unterricht zu geben. Er entwickelte eine Technik zur Übermittlung kinästhetischer Erfahrungen. Im Jahre 1894, als Alexander 25 Jahre alt war, hatte er die Kontrolle über seine Stimme wiedererlangt, gab jedoch die Schauspielerei auf und lehrte seine Technik in den australischen Minenstädten, in Melbourne, am „Sacred Heart Roman Catholic College" und an vielen anderen Orten in Australien.

Seine Technik entwickelte er ständig weiter. Sie zu lehren war für ihn zur Passion geworden. Er zog von Melbourne nach

Sydney, wo ein bekannter Chirurg den Nutzen der Alexandertechnik bei bestimmten Beschwerden bestätigte und Patienten zu ihm schickte. Dieser Chirurg ermutigte Alexander, nach England zu reisen und seine Arbeit weiteren Kreisen zu vermitteln.

Im April des Jahres 1904 brach Alexander nach London auf. Er war mittlerweile 34 Jahre alt und ein gutaussehender Mann. Schon bald war er als Lehrer überall bekannt, und es galt als schick, „zu Alexander zu gehen". Viele Schauspieler und Schauspielerinnen suchten seinen Rat, weil sie sich von der Alexandertechnik Hilfe erhofften. Aldous Huxley und später auch Bernard Shaw wurden leidenschaftliche Befürworter seiner Methode, da sie sich sehr positiv auf ihre Gesundheit ausgewirkt hatte. Die Behandlung – ob Heilung oder Vorbeugung ist im Grunde unwichtig – beinhaltet: Unterbinde alle Versuche einer falschen Nutzung des Selbst. Unser Bewegungsverhalten – Liegen, Sitzen, Stehen, Gehen, Laufen usw. – ist Ausdruck unserer Gewohnheit, mit uns selbst umzugehen. Beschwerden wie Rückenschmerzen, Kopfschmerzen und ähnliches sind nur Symptome langjähriger Gewohnheiten der fehlerhaften Nutzung und Koordination des gesamten Organismus. Alexanders Lehrmethode basiert darauf, alte, schädliche Bewegungsmuster zu unterbinden und bewußte Kontrolle, Re-Edukation und Neuordnung des Menschen als einheitliches Ganzes einzuführen.

Die „Arbeit" erfolgte individuell, niemals in Gruppen. Alexander half seinen Patienten durch das Feingefühl seiner Hände, zu einer neuartigen Nutzung ihres Geistes und Körpers zu gelangen.

Als im Jahre 1914 der Erste Weltkrieg ausbrach und Alexander fast keine Schüler mehr hatte, emigrierte er in die Vereinigten Staaten. Er hatte das Glück, daß John Dewey und Frank Jones dort seine Schüler wurden. Dewey schrieb nicht nur die Einleitungen zu Alexanders Büchern, sondern er erklärte auch, er verdanke seine Gesundheit, sein Glück und sein langes Leben der Alexandertechnik. Frank Jones war so beeindruckt von Alexander, daß er seine Professur an der Brown University aufgab, um einen dreijährigen Kursus zu absolvieren und sich als Lehrer der Alexandermethode zu qualifizieren. Nach Jones' frühzeitigem Tod veröffentlichte seine Frau sein Buch mit dem Titel *Body Awareness in Action*, ein Bekenntnis zu Alexanders Arbeit. F. P. Jones beschreibt darin Möglichkeiten, die Bedeutung der Körper-Bewußtheit nach Alexanders Methode, so wie Jones sie persönlich erfahren hatte, wissenschaftlich zu beweisen – unter anderem mit Hilfe der Elektromyographie (Aufzeichnung von Muskelzuckungen), durch Multi-Image-Fotografie von Bewegungen sowie durch Röntgenaufnahmen.

Alexander lehrte in New York bis 1924. Sein Bruder, A. R. Alexander, den er noch in Australien in seiner Methode ausgebildet hatte, hatte sich zu dieser Zeit in Boston niedergelassen und lehrte dort die Alexandertechnik.

Alexanders berühmter Hauptsitz lag am Ashley Place, London, wo die von ihm ausgebildeten Lehrer auch nach seinem Tode im Jahre 1955 bis auf den heutigen Tag die Alexandertechnik lehren.

Alexanders Passion war zeitlebens seine „Arbeit". Er heiratete 1920 eine attraktive australische Schauspielerin, für die er auch noch sorgte, nachdem sie einen Schlaganfall erlitten hatte – allerdings lebten die beiden zu diesem Zeitpunkt schon nicht mehr zusammen. Sie hatten gemeinsam eine Tochter adoptiert. In späteren Jahren wurde Alexanders Haushälterin seine Geliebte, und aus dieser Verbindung ging ein Sohn hervor. Über Alexanders Privatleben scheint nie geklatscht worden zu sein, weil die einzigen wirklich wichtigen „persönlichen" Neuigkeiten die Entwicklung und Anerkennung seiner Methode betrafen.

Er war der Ansicht, Kinder sollten von Anfang an lernen, richtig mit sich selbst umzugehen. Deshalb gründete er 1924 in London eine Schule für Kinder von drei bis acht Jahren. Bei Ausbruch des Zweiten Weltkrieges wurde diese Schule in die USA evakuiert, wo das Institut wiedereröffnet wurde. Alexander selbst sowie einige seiner Lehrer begleiteten die Kinder dorthin. 1943 kehrte Alexander nach England zurück und fuhr fort, zu schreiben und zu lehren. Im Jahre 1947 erlitt er einen Schlaganfall und verlor zeitweise die Kontrolle über seinen linken Arm und sein linkes Bein. Doch schon im folgenden Jahr war es ihm durch intensives Training gelungen, diese Gliedmaßen wieder benutzen zu können. Er war nun fast 80 Jahre alt, unterrichtete aber immer noch viel und reiste 1948 sogar nach Johannesburg, wo er die Verleumdungsklage gegen Professor Ernst Jokl gewann. Alexander hat bis zu seinem plötzlichen Tod im Alter von 86 Jahren Unterricht gegeben.

Zwar hatte Alexander selbst seine Technik durch kreatives Experimentieren entdeckt, doch seine Patienten und Schüler mußten peniblen Anweisungen folgen. Die Kontrolle über Kopf, Hals und Rumpf ist die eigentliche primäre und einzige Bewegung bei jeder Handlung. Der Hals muß frei von Spannung und Anstrengung sein. Der Kopf lernt, sich vorwärts und aufwärts zu bewegen, wodurch der gesamte Rumpf weiter und länger wird.

Konstruktive bewußte Kontrolle und Bewußtheit über die *einzig richtige Nutzung* des Selbst ist die revolutionäre Entdekkung, die Alexander seinen vielen Anhängern gebracht hat. Viele Schüler jedoch akzeptierten die Alexandertechnik *nicht;* sie wiesen darauf hin, daß es während des Unterrichts keine Möglichkeit gäbe, sich auf andere Weise als nach dem von Alexander als „richtig" festgelegten Standard selbst zu kontrollieren, und daß es daher nicht möglich sei, in Bewegung und Denken Kreativität zu entwickeln.

Seine vielen Anhänger am Beginn dieses Jahrhunderts – unter ihnen John Dewey, Aldous Huxley und George Bernard Shaw – betonten lobend den positiven Einfluß von Alexanders Methode auf ihr Wohlbefinden und ihre Produktivität. Dewey, der bis zu seinem 93. Lebensjahr gesund und vital blieb, war davon überzeugt, sein guter Gesundheitszustand sei die Folge seines Unterrichts bei Alexander. Huxley war ziemlich krank, bevor er sich regelmäßig von Alexander behandeln ließ, wodurch er genas und neue Inspiration für seine Bücher fand. Auch Shaw schrieb und sprach über seine Erfahrungen mit der Alexandertechnik und ihre Auswirkungen auf seinen Gesundheitszustand und auf seine schriftstellerische Tätigkeit.

Heute, am Ende unseres Jahrhunderts, ist es zu einer Alexander-Renaissance gekommen. Als Nicolas Tinbergen von der Oxford University im Jahre 1973 zusammen mit zwei Kollegen den Nobelpreis in Physiologie und Medizin erhielt, widmete er einen Teil seiner Rede zu diesem Anlaß einer Erläuterung der Alexandertechnik. Unter anderem sagte er:

Somit können wir schon aus persönlicher Erfahrung[18] einige der erstaunlichen und phantastischen Behauptungen bestätigen, die Alexander und seine Anhänger machen, nämlich daß viele Arten von Leistungsschwäche und sogar Erkrankungen, sowohl geistige wie auch physische, gelindert werden können – manchmal in erstaunlichem Ausmaß –, indem man *die Körpermuskulatur lehrt, anders zu funktionieren.*[19]

Seit Alexanders Tod im Jahre 1955 organisieren seine ihn verehrenden Schüler Ausbildungskurse für Lehrer der Alexandertechnik. In den siebziger und achtziger Jahren erschienen viele Bücher über die Alexandertechnik, in denen diese erklärt, kritisiert und gepriesen wird.

Es scheint mir, daß Alexanders Arbeit eine wichtige Aufgabe erfüllt – heute und wohl auch in den kommenden Jahren.

Besprechung einiger Bücher über Alexander

Dr. Wilfred Barlow erschloß die Alexandertechnik der Medizin. In seinem 1971 erschienenen Buch „The Alexander Principle" beschreibt er einleuchtend, wie Ärzte diese Technik bei der Behandlung von Patienten einsetzen können. Er erklärt die Vorgehensweise bei der Re-Edukation der Haltung und kommt in diesem Zusammenhang auf Alexanders These zu sprechen, daß es keine „ideale" Haltung gebe, die für alle Menschen gültig sei. Wie Alexander in *Constructive Conscious Control* schreibt, „verhalten sich Schüler auf jeder Stufe des Fortschritts unterschiedlich. Aus diesem Grund hat eine ‚korrekte Haltung' bei der Praxis der Re-Edukation nichts zu suchen. ‚Korrekte Haltung' weist auf eine fixierte Position hin, und ein Mensch, der in einer solchen Fixierung gehalten wird, kann nicht wachsen in dem Sinne, wie wir Wachstum verstehen."

Die Alexandertechnik lehrt jeden Patienten, seine individuellen fehlerhaften Gewohnheiten zu verändern, den Hals zu entspannen, den Kopf vorwärts und aufwärts zu bewegen und so den

Rumpf zu strecken und zu weiten, wodurch der gesamte Organismus gesunder und vitaler wird.

Body Awareness in Action heißt das Buch von F. P. Jones, das seine Frau nach seinem frühen Tode veröffentlichte. Professor Frank Jones war zunächst als Universitätsprofessor für klassisches Griechisch tätig gewesen. Erst in seinen mittleren Jahren hatte er angefangen, bei Alexander Unterricht zu nehmen. Diese Erfahrung beeindruckte ihn so stark, daß er zum Spezialisten für Anatomie und Physiologie wurde. Um den Wert der Alexandertechnik zu beweisen, führte er am Institut für Experimentalpsychologie der Tufts University wissenschaftliche Untersuchungen durch. Sein Buch wurde sehr bekannt, doch das Interesse der meisten Leser bezog sich weniger auf die Forschungsexperimente als auf die lebendige Beschreibung der Persönlichkeit Alexanders, seiner Erklärung der Kontrolle von Körper und Geist sowie auf die Tatsache, daß Jones, der ehemalige Sprachwissenschaftler von der Brown University, Alexander-Lehrer und begeisterter Verfechter dieser Methode geworden war.

The Resurrection of the Body von Edward Maisel, ein Buch, das erstmals im Jahre 1969 erschien, war schon 1980 in der vierten Auflage. Dieses interessante Buch enthält einen ausgezeichneten biographischen Überblick über Alexanders Leben, eine kritische Betrachtung seiner Ideen und Techniken, eine Auswahl aus Alexanders eigenen Schriften und Anweisungen und eine Zusammenfassung der Einführungen Deweys zu Alexanders Büchern.

In Maisels detaillierter Einleitung erfahren wir über den Menschen Alexander, daß er gutes Essen und Pferdewetten liebte, eine charismatische Persönlichkeit war und in gewisser Weise auch immer ein Schauspieler geblieben ist, der, wie Maisel schreibt, „ein eindrucksvolles Ein-Mann-Public-Relations-Büro zum eigenen Nutzen und zu dem seiner Technik" unterhielt.[20]

Alexander glaubte leidenschaftlich an den bleibenden Wert seiner Entdeckung und an die Verbreitung seiner Technik. Maisel erklärt:

> Obgleich er seine Arbeit zweifellos mit der Inbrunst eines Missionars verbreitete, war er äußerst gewissenhaft und unerbittlich in der Formulierung seiner Lehre.

Sara Barker beschreibt in ihrem Buch *The Alexander Technique* (1978/81) diese als „eine der außerordentlichsten Entdeckungen unserer Zeit". Sie erklärt die Technik auf sehr einfache und allgemeinverständliche Weise und glaubt im Gegensatz zu allen Äußerungen von Alexander selbst, daß man die Alexandertechnik durch bloßes Studieren ihres Buches erlernen könne, also ohne Anleitung durch einen Lehrer.

Walter Carrington beschreibt in seinem grundlegenden, 1986 erschienenen Buch *Walter Carrington on the Alexander Technique* die Entwicklung dieser Methode und ihren Einfluß auf unsere Zeit. Er schreibt: „Die Alexandertechnik ist eine auf praktische Anwendungen reduzierte Lebensphilosophie."

Während der letzten 15 Jahre sind noch viele andere Bücher in verschiedenen Sprachen über Alexander und seine Methode erschienen, doch hoffe ich, daß der Leser sich im Rahmen dieses Essays mit den aufgeführten begnügt. Die wichtigsten Schriften über die Alexandertechnik sind natürlich Alexanders eigene Bücher. In *Man's Supreme Inheritance* schreibt er:

> Die wundervollen Möglichkeiten, über die die Menschheit verfügt, das transzendente Erbe des bewußten Geistes ... Meine Erfahrung wird vielleicht eines Tages als Wegweiser erkannt werden, der den Forscher in ein bisher „unentdecktes" Land führt, in ein Land, das dem Patienten und dem beobachtenden Pionier unbegrenzte Möglichkeiten für fruchtbare Forschung bietet.

Über einige Alexander-Anhänger und -Schüler

Begegnung mit Shmuel Nelken, Jerusalem, im Juni 1987

Dank der Lehrtätigkeit von Shmuel Nelken wurde die Alexandertechnik in Israel in den sechziger Jahren bekannt. Durch ihn ist in unserem Lande ein neues Bewußtsein für die Bedeutung von Alexander entstanden.

Shmuel Nelken ist Gründer und Leiter eines Ausbildungszentrums für Lehrer der Alexandertechnik in Jerusalem. Er hat schon über sechzig Lehrer ausgebildet, die in ganz Israel arbeiten, von Kiryat Shmoneh bis Eilat. Durch Nelkens Erfolge angeregt, entstanden in Tel-Aviv und Haifa weitere Ausbildungszentren.

Alexander war davon überzeugt, daß Verständnis und Kenntnis der Veränderungen in Geist und Körper nur durch die praktische Erfahrung der Alexandertechnik zu erreichen seien.

Es erscheint mir angebracht, dem Leser zu erklären, wie der „Vater" der Alexandertechnik in Israel diese Methode kennenlernte, sie selbst zu praktizieren lernte und darin seine Lebensaufgabe fand. Shmuel Nelken war so freundlich, mir seine Geschichte zu erzählen.

Es begann mit Henrietta Michelson, einer bekannten Lehrerin von der New Yorker Juillard School of Music, die nach dem Unabhängigkeitskrieg Israel als ihren Altersruhesitz gewählt hatte. Nelken war ein junger, begabter Cellist, der bei ihr Unterricht nahm, jedoch Schwierigkeiten mit der Fingerarbeit hatte. Durch Frau Michelson hörte Nelken zum erstenmal über Alexander. Sie schlug ihm vor, nach Paris zu reisen und dort bei Tortelier Cello zu studieren. Obgleich Nelken in Paris Fortschritte machte, hatte er nach wie vor Probleme mit den Händen. Deshalb reiste er von Paris aus für einen Monat nach London, um Hilfe bei Alexander zu suchen. Er nahm Unterricht bei MacDonald, einem von Alexanders Chefassistenten, und hatte auch das Glück, von Alexander selbst zwei Behandlungen zu bekommen.

Shmuel Nelken erzählte mir, der besondere Eindruck dieser beiden Lektionen bei Alexander sei ihm bis auf den heutigen Tag in lebhafter Erinnerung geblieben. Zu dieser Zeit war Alexander schon ziemlich alt und krank, aber er lehrte ja bekanntlich bis zu seinem Todestag.

Er hinterließ seine „Arbeit" seinen vielen Anhängern, zu denen nun auch Nelken gehörte, der die dreijährige Ausbildung für Lehrer der Alexandertechnik unter der Leitung von Dr. MacDonald absolvierte und sein Diplom erhielt. Er gab die Musik zwar nie völlig auf, doch nach seiner Rückkehr nach Israel fand er seine Berufung als Lehrer der Alexandertechnik.

Shmuel Nelken bei der Arbeit

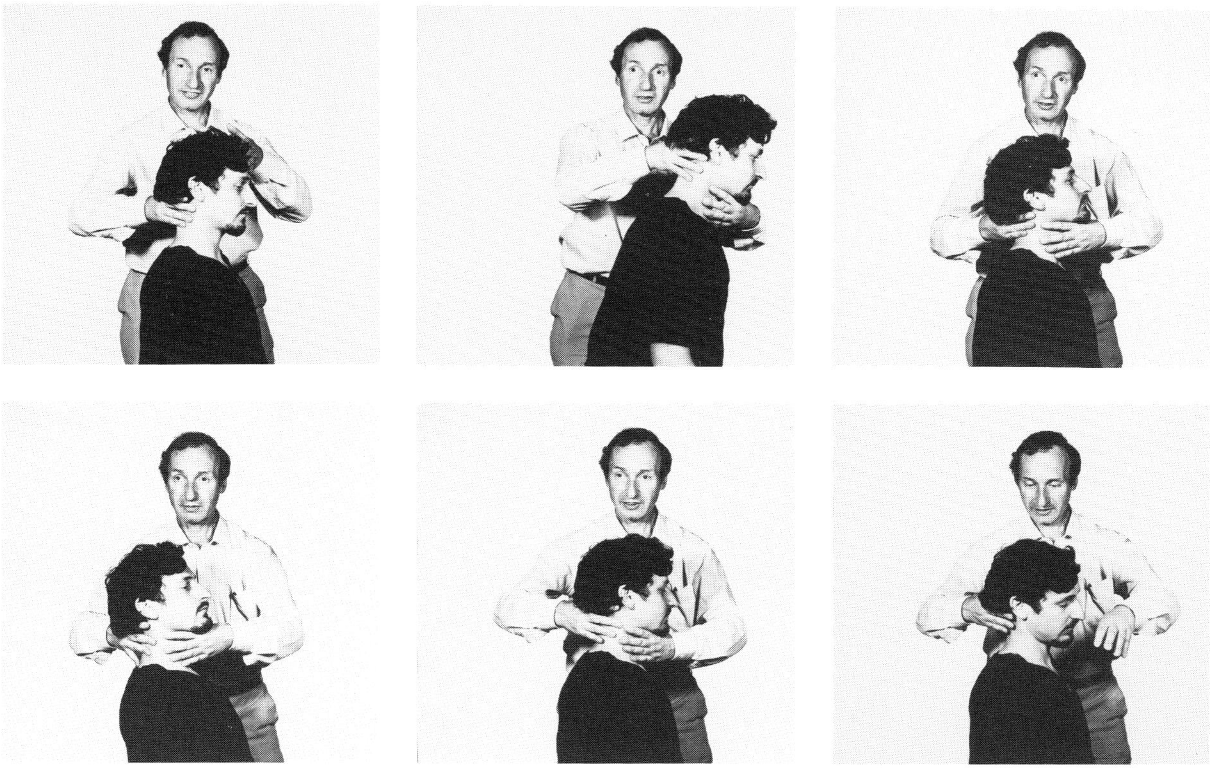

Der Fall Ruti – getrennte Gespräche mit Ruti und ihrer Mutter im Juli 1987

Als Ruti ungefähr 11 Jahre alt war, wurde sie von Monat zu Monat größer. Sie wurde noch schöner, als sie schon als Kind gewesen war, doch schämte sie sich irgendwie darüber, daß sie nun zu einer jungen Frau wurde. Niemand sollte merken, daß sich ihre Brüste entwickelt hatten und daß sie größer als alle anderen Kinder in ihrer Klasse war. Deshalb zog sie Schultern, Kopf und Arme nach vorn und abwärts. Als Ruti fast 12 Jahre alt war, stellten ihre Eltern fest, daß die Wirbelsäule ihrer Tochter stark deformiert war. Die Familie lebte in Jerusalem, und Ruti wurde dort von den besten Orthopäden untersucht. Nach eingehenden Untersuchungen – Röntgenaufnahmen usw. – kamen mehrere Ärzte zur gleichen Diagnose – juvenile Skoliose – eine seitliche Verkrümmung der Wirbelsäule. Diese Krankheit tritt bei Mädchen zu Beginn der Adoleszenz häufig auf. Die einzige Therapiemöglichkeit: ein orthopädisches Korsett vom Hals bis zu den Hüften. „Sie muß das Korsett mindestens vier bis fünf Jahre tragen, nur so können wir ihre Wirbelsäule retten", hieß es. „Aber wie wird sich das auf die geistige und psychische Entwicklung auswirken?" fragten ihre Eltern. „Vergessen Sie die geistige Gesundheit", lautete die Antwort. „Wollen Sie, daß sie einen Buckel bekommt? Ohne Korsett besteht diese Gefahr, und selbst wenn sie das Korsett trägt, ist eine Operation in späteren Jahren nicht auszuschließen."

Doch ihre Eltern akzeptierten die Ansicht der Ärzte und die von ihnen angegebene Behandlungsmethode nicht. Sie gingen das Risiko ein und wandten sich an Shmuel Nelken.

Anfangs erhielt Ruti dreimal wöchentlich individuellen Unterricht in der Alexandertechnik. Da sie ein sehr intelligentes Mädchen war, lernte sie, ihre Bewegungen zu kontrollieren, ihre Gewohnheiten zu verändern und ihren Kopf vorwärts und aufwärts zu bewegen. Der Unterricht war nicht immer angenehm für ein junges Mädchen, doch sie wußte, wie wichtig er war, und sie hielt sieben Jahre lang durch. Sie hat niemals ein Korsett getragen und brauchte sich auch keiner Operation zu unterziehen.

Ruti ist mittlerweile 19 Jahre alt und praktiziert die Übungen der Alexandertechnik immer noch unter ständiger Anleitung eines Lehrers. Obwohl die Röntgenaufnahmen der Wirbelsäule nach wie vor auf eine Skoliose hinweisen, hat Ruti durch bewußte Arbeit an ihren Muskeln eine ausgezeichnete Haltung entwickelt, so daß niemand die Deformation ihrer Wirbelsäule bemerkt. Sie ist zu einem gutaussehenden, großen Mädchen herangewachsen und trägt ihren Körper aufrecht und stolz.

Erella – Gespräche mit ihr im Oktober 1987

Ich kann mich an Erella als Mädchen von 12 oder 13 Jahren erinnern. Damals hatte ihr Körpererziehungslehrer sie stolz als das „Schlangenmädchen" vorgestellt, weil sie die unglaublichsten Gymnastikkunststücke vorführen konnte.

Erella ist heute eine junge attraktive Frau in den Dreißigern, sie ist verheiratet, hat zwei Kinder und unterrichtet Bewegungslehre in Sonderschulen. Nach ihrer Schulzeit und dem Militärdienst trainierte Erella weiter Gymnastik und wurde eingeladen, dem olympischen Gymnastikteam beizutreten. Sie nahm an verschiedenen Gymnastikwettbewerben teil – überdehnt und übertrainiert. Bald litt sie unter starken Rücken- und Knieschmerzen. Schließlich mußte sie das Olympia-Team verlassen. Sie erhielt Physiotherapie und suchte mehrere Ärzte auf, doch es trat keine Besserung ein; die Schmerzen hielten sich hartnäckig. Dann gab man ihr den Rat, bei einem Lehrer der Alexandertechnik Unterricht zu nehmen.

Zuerst glaubte sie, der Unterricht habe nichts mit echtem Üben zu tun – nur sitzen, aufstehen, gehen und liegen. Doch dieses „Fast-nichts-tun" versetzte sie zumindest in die Lage, sich entspannen zu können. Unter der Anleitung ihres Lehrers entwickelte sie Kontrolle über alle Bewegungen, selbst über die kleinsten. Nach ungefähr einem Jahr regelmäßigen wöchentlichen Unterrichts in der Alexandertechnik verschwanden ihre Rücken- und Kniebeschwerden.

Da Erella selbst Bewegungslehrerin war, war sie neugierig geworden, mehr über die Alexandertechnik zu lernen, und zwar nicht durch Lektüre, sondern durch persönliche Erfahrung. Deshalb setzte sie kurz darauf – diesmal ohne Schmerzen – den Unterricht in der Alexandertechnik fort.

Sie sagte: „Durch die Alexandertechnik veränderten sich nicht nur meine Haltungsgewohnheiten, sondern ich wurde mir durch sie auch meiner Bewegungen und Gedanken im alltäglichen Leben bewußt. Ich lernte zu erkennen, wann meine Bewegungen falsch waren, was ich ohne Anstrengung verändern sollte und warum, und ich lernte, mich selbst besser zu verstehen und mich gut zu fühlen."

Begegnung mit Yossi T., Juni 1987

Der Enthusiasmus dieses jungen Lehrers der Alexandertechnik beeindruckte mich sehr.

Vor ungefähr zwölf Jahren hatten sich während seiner Soldatenzeit bei ihm starke Rückenschmerzen entwickelt. Ärzte, Medikamente und die verschiedensten Therapiemethoden vermochten ihm nicht zu helfen. Nach seiner Dienstzeit in der Armee kehrte er in seinen Moshav (eine landwirtschaftliche Siedlung) zurück, doch die Rückenschmerzen wurden dort noch stärker. Wieder versuchte er es mit verschiedenen Behandlungsmethoden. Nichts half, bis er in Haifa zufällig auf Rica traf, die in London in der Alexandertechnik ausgebildet worden war. Nach drei Wochen intensiven Unterrichts verschwanden die Rückenbeschwerden, doch Yossi setzte den Unterricht noch fast drei Jahre lang fort. Er hielt diese Arbeit für so wichtig, daß er sich entschloß, selbst Lehrer der Alexandertechnik zu werden.

Er absolvierte im Ausbildungszentrum von Shmuel Nelken in Jerusalem den dreijährigen Ausbildungskurs. Während dieser Zeit verbesserte sich die Funktion seines gesamten Organismus, er entwickelte eine „gute Haltung" und eine neue, positive Einstellung zum eigenen Körper.

Yossi erzählte mir: „Wer die Veränderungen, die die Alexandertechnik bewirkt, nicht aus eigener Erfahrung kennt, wird die bewußte Eigenwahrnehmung, die diese Methode wecken kann, niemals verstehen."

Yossi ist ein ausgezeichneter Lehrer, der seine Kenntnisse im Gebiet von Tel Aviv und Beersheva vermittelt.

Eine von Yossis interessantesten Patientinnen ist Hadassa Rabinovitch. Ich kenne Hadassa seit vielen Jahren als hervorragende Sonderschullehrerin und als Schulrätin. Ich erinnere mich noch gut daran, wie sie von Schule zu Schule reiste und geduldig Lehrern und Schülern zuhörte, unermüdlich und immer bereit zu helfen. Als sie mit 65 Jahren vom Ministerium für Erziehung und Kultur pensioniert wurde, fuhr sie fort, Menschen mit ihrem Rat zu dienen.

Vor ungefähr zwei Jahren setzten bei ihr starke Schmerzen in den Beinen, den Lenden, im Unterrücken sowie in Schultern und Hals ein. Sie konnte sich nur noch mit großen Schwierigkeiten bewegen und überhaupt nicht mehr gehen. Shmuel Nelken riet ihr, bei Yossi T. Unterricht zu nehmen, der zweimal wöchentlich an ihrem Wohnort Beersheva arbeitete.

Hadassa nahm über ein Jahr lang regelmäßig Unterricht bei ihm. Sie erzählte mir, sie könne nicht genau sagen wie es geschehen sei, aber ihre Haltung habe sich allmählich verändert, ihre Schmerzen seien völlig verschwunden, und sie könne mittlerweile auch schon wieder ohne Schwierigkeiten gehen. Sie sagte: „Können Sie sich vorstellen, wieviel Spaß mir das Gehen jetzt macht?"

Die Behandlung von Hadassa, einer intelligenten Frau von ungefähr siebzig Jahren, beweist die Richtigkeit von Alexanders Anschauung, für spezifische Schmerzen sei stets der gesamte Organismus verantwortlich. Durch bewußte Kontrolle kann man alte Gewohnheiten ausmerzen. Unter guter Anleitung führen in der Alexandertechnik neue Bewegungserfahrungen und Re-Edukation zu einer besseren Nutzung des Selbst, zu ständiger Kontrolle und zu einer Verbesserung der allgemeinen Gesundheit, wie Hadassas Fall zeigt.

Begegnung mit Walter Carrington, London, Juli 1987

Ich hatte das Vergnügen, Walter Carrington in seiner Wohnung in der Lansdowne Road in London zu treffen, wo er lebt und lehrt. Ich war höchst beeindruckt von ihm. Obgleich er schon fast siebzig Jahre alt ist, wirkt er sehr jung und ist voller Enthusiasmus über den Wert seiner Arbeit.

Er erzählte mir, wie und warum er sich dazu entschloß, sich zum Lehrer der Alexandertechnik ausbilden zu lassen. Als er 1934 die Schule abschloß, fragte ihn sein Klassenlehrer nach dem Gesundheitszustand seiner damals bettlägerigen Mutter, die an Kolitis und einer Senkung der inneren Organe litt. Walter berichtete ihm über die Untersuchungen und über die verschiedenen Behandlungsmethoden, die die Ärzte bei ihr erfolglos ausprobiert hatten. Nachdem er einen detaillierten Bericht über den Zustand seiner Mutter gegeben hatte, fragte ihn der Klassenlehrer, ob die Familie jemals Matthias Alexander zu Rate gezogen hätte. Nicht einmal der Name dieses Mannes war den Carringtons bekannt. Sie entschlossen sich jedoch daraufhin, es mit Alexander zu versuchen. Tatsächlich gelang es Alexander, Walter Carringtons Mutter wieder auf die Beine zu bringen, und sie war danach noch bis zum Alter von 92 Jahren aktiv.

Walter Carrington war so beeindruckt von dieser Heilung, daß auch er anfing, Unterricht in der Alexandertechnik zu nehmen. Er entschloß sich, statt eines Studiums in Oxford eine Ausbildung als Lehrer der Alexandertechnik zu beginnen. Er nahm an Alexanders zweitem Ausbildungskurs teil, der in den Jahren 1936-39 stattfand. 1940 trat er in die Royal Air Force ein und kehrte nach Kriegsende zu Alexander zurück, der die Lehrerausbildung 1945 wieder aufnahm. Mr. Carrington wurde einer von Alexanders Assistenten.

Carrington erklärte mir – und er schreibt dies auch wiederholt in seinem Buch –, Alexander habe Wert darauf gelegt, daß seine Schüler die Technik selbst entdeckten. Alexander benutzte seine Hände nicht zum Heilen, sondern dazu, jedem Patienten und Schüler zu helfen, den richtigen Gebrauch seines Selbst eigenständig herauszufinden. Der Lehrer leitet den Schüler nur zum bewußten Gewahrsein als Mittel zur Veränderung alter Gewohnheiten an.

F. M. Alexander war ein Gegner der Psychoanalyse und hielt auch nichts von den vielen Fitnessprogrammen und Körpertrainingssystemen, deren Entwicklung er im Laufe seines langen Lebens miterlebt hatte. Carrington erklärt in seinem Buch:

> Alexander war engagierter Verfechter der Entwicklung von bewußter Anwendung der Verstandesfähigkeiten, jedoch gegen die Kultivierung des Unterbewußten. Der bewußte Geist sollte „beschleunigt" werden, und „beschleunigen" ist natürlich ein etwas altmodischer Ausdruck für „lebendig machen".

Carrington sagte, Alexander habe seine Schüler dazu ermutigt, sich dessen bewußt zu werden, wie sie mit sich selbst Mißbrauch trieben, und seine Technik durch bewußte Kontrolle ihres Verhaltens unter ständiger Anleitung eines Lehrers zu erlernen. Er erklärte auch die subtilen Veränderungen, die Alexander selbst im Laufe der Zeit in seine Technik einführte.

Ende der sechziger Jahre war das Interesse an Alexanders Arbeit stark gewachsen. Es gab vier Ausbildungskurse in London, einen in New York und einen in Jerusalem. Die verschiedenen Ausbildungsschulen setzen jedoch – nach Carringtons Aussage – ziemlich verschiedene Schwerpunkte, obgleich sie alle grundsätzlich dem Wesen der Alexandertechnik treu geblieben sind.

> Wir, die Alexanderlehrer, sind hauptsächlich mit Unterbindungen befaßt – dem Schlüssel der gesamten Technik –, Unterbindung beruht auf bewußter Kontrolle, welche uns über das Reich der Körpermechanik hinausträgt.

Ich fragte Walter Carrington, ob er Moshé Feldenkrais gekannt habe. Die Antwort war mehr als eine bloße Bestätigung. Feldenkrais war während der vierziger Jahre sein Schüler an der Alexander-Schule in Ashley Place, London, gewesen. Carrington schreibt über Feldenkrais, daß dessen Buch *Body and Mature Beha-*

viour eine Menge Material enthalte, das der Autor offensichtlich aus Alexanders Büchern abgewandelt habe. Als Alexander hörte, daß Feldenkrais Unterricht in seiner Methode nehme, bestand er natürlich auf einem Treffen, um herauszufinden, warum Feldenkrais gekommen war, nachdem er das besagte Buch veröffentlicht und eine eigene Methode entwickelt hatte. Alexander verdächtigte ihn, Unterricht zu nehmen, um weitere Plagiate machen zu können. Die Begegnung zwischen Alexander und Feldenkrais war sehr kurz – Feldenkrais wurde gebeten, Ashley Place nicht mehr zu besuchen, und Carrington wurde es verboten, den Unterricht mit Feldenkrais fortzusetzen.

Bei einer internationalen Konferenz in Kopenhagen im Jahre 1959 zum Thema „Die Lösung von Spannungen und die Re-Edukation von Muskelbewegungen" hielt F. P. Jones einen Vortrag über die Alexandertechnik, und auch Moshé Feldenkrais hielt Vorträge, leitete Workshops und Demonstrationen, zu denen er Walter Carrington einlud. In der Zeitschrift „Alexander Review" hat Carrington einen kritischen Artikel über das Buch *The Potent Self* von Feldenkrais veröffentlicht. Darin heißt es:

> Es kann daher kein Zweifel bestehen, daß Feldenkrais eine Menge über die Alexandertechnik wußte und daß seine eigene Arbeit von dieser Methode nicht unerheblich beeinflußt worden ist. Gerade darin liegt ein großer Teil des Werts seiner Schriften... Diese enthalten in einigen Teilen (in diesem wie auch in anderen Büchern von Feldenkrais) auffällige Ähnlichkeiten mit den Gedanken von Alexander selbst, jedoch fehlen spezifische Quellenangaben weitgehend.
> (Siehe dazu aber auch das Essay über Feldenkrais, mit positiven Äußerungen Carringtons über die Bedeutung der wissenschaftlichen Arbeit von Feldenkrais.)

Carrington unterrichtet noch heute, kann aber nicht alle, die zu ihm kommen, als Schüler annehmen; die übrigen verweist er an Lehrer, die seine Ausbildungskurse absolviert haben. Walter Carrington ist ein sehr erfolgreicher Erzieher, und ich habe den Eindruck gewonnen, daß er über sein Lebenswerk sehr glücklich ist.

Nach der Begegnung mit Carrington in London war mir wesentlich klarer geworden, daß die Alexandertechnik heute, fast 120 Jahre nach der Geburt von F. M. Alexander, dauerhaften Einfluß gewonnen hat.

Bibliographie

Alexanders Schriften, soweit sie in diesem Essay verwendet wurden

The Theory and Practice of a New Method of Respiratory Reeducation, Balliere & Co., London 1907.

Conscious Control, Methuen & Co., London 1912 (Neufassung unter dem Titel *Man's Supreme Inheritance,* 1918).

Man's Supreme Inheritance, New York 1910, zweite Auflage bei Dutton, New York und London 1918.

Constructive Conscious Control of the Individual, Methuen & Co., London 1924.

The Use of Self, Dutton, New York 1932; deutsche Ausgabe: *Der Gebrauch des Selbst,* Kösel, München 1988.

The Universal Constant in Living, Dutton, New York 1941.

Literatur über Alexander, die in diesem Essay verwendet wurde

Barlow, W.: *The Alexander Principle,* V. Gollancz, London 1971; deutsche Ausgabe: *Die Alexander-Technik,* Kösel, München 1987[3].

Barker, S.: *The Alexander Technique,* Bantam Books, New York, London 1978/81.

Carrington, W.: *On the Alexander Technique;* in discussion with S. Carey, Sheldrake Press, London 1986.

Jones, F. P.: *Body Awareness in Action: A Study of the Alexander Technique,* Schocken Books, New York 1976.

Maisel, E.: *The Resurrection of the Body* (Schriften von Alexander, ausgewählt und mit einer Einführung versehen von E. Maisel), Delta, New York 1969.

Moshé Feldenkrais

(1904-1984)

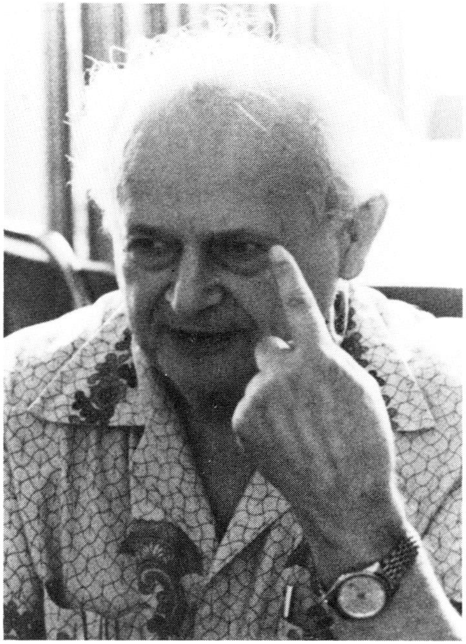

Dr. Moshé Feldenkrais ist sicherlich von Alexander beeinflußt worden. Weitere wichtige Impulse erhielt er durch seine Studien des Fernen Ostens, durch die Judo-Meister und durch Zen. Die Theorien von Thorndyke, Pawlow und anderen Psychologen waren ihm ebenfalls wohlbekannt. Auch die Anschauung der griechischen Philosophie über die Einheit von Körper, Geist und Seele fand Eingang in seine eigene Lebensphilosophie.

> Wahres Glück finden wir, indem wir mehr zu dem werden, was wir sein könnten, und indem wir mehr und mehr unseren eigenen Charakter und unsere Individualität entwickeln.[21]

Die Idee, daß Selbstverwirklichung und Glück durch Körpererfahrung und Körperbewußtheit gefunden werden können, ist eines der Leitmotive der Erziehungsphilosophie von Feldenkrais. Sein Ziel war, seinen Schülern das Höchstmaß ihrer eigenen Möglichkeiten durch die Macht ihres Geistes zugänglich zu machen. Schon Plato schrieb:

> Es ist nicht wahr, daß schon allein ein gesunder Körper einen gesunden Geist erzeugt. Umgekehrt hingegen verfügt ein gesunder Geist durchaus über die Macht, den Zustand des Körpers so perfekt zu gestalten, wie er nur sein kann.[22]

Feldenkrais, der Prinzipien, die denen von Alexander ähneln, anwendete, war auch von den Philosophien des Ostens und des Westens beeinflußt, am meisten jedoch von der modernen Wissenschaft. Seine außerordentlichen Kenntnisse über die Funktionsweise des menschlichen Gehirns und seine Forschungstätigkeit in den Bereichen der Physik, der Physiologie und der Anatomie sind die Grundlagen seiner kreativen Arbeit im Bereich der Re-Edukation durch Bewegungsbewußtheit sowie für die Entwicklung seiner dynamischen Lehrmethoden.

Ich traf Dr. Moshé Feldenkrais zum erstenmal in einem Bus, der uns beide von Haifa nach Tivon brachte, einem kleinen, schönen Vorort der Stadt Haifa. Diese Begegnung fand Anfang der fünfziger Jahre statt, kurz nach der Gründung des Staates Israel.

Dr. Feldenkrais war von der israelischen Regierung eingeladen worden, eine Elektronikabteilung des Verteidigungsministeriums zu leiten. Er lebte mit seiner attraktiven jungen Freundin – einer ehemaligen Schülerin von mir – in Tivon. Er selbst war ein gutaussehender, wenn auch etwas korpulenter Mann in den mittleren Jahren. Das Gespräch mit ihm während jener kurzen Busfahrt hinterließ einen starken Eindruck bei mir. Er erzählte mir, er sei an Bewegung und Sport interessiert; in seiner Jugend sei er ein ausgezeichneter Fußballspieler gewesen. Während seines Studiums und seiner wissenschaftlichen Arbeit in Frankreich und England habe er angefangen, sich für Judo zu interessieren und den Schwarzen Gürtel erworben.

Später erzählte er mir, er versuche, die „Geheimnisse" des menschlichen Gehirns und die Veränderbarkeit habitueller motorischer Verhaltensmuster zu erforschen. Sein Buch *Body and Mature Behaviour – A Study of Anxiety, Sex, Gravitation and Learning* (1949), das ich unmittelbar nach unserer ersten Begegnung las, gibt Aufschluß über Feldenkrais' wissenschaftliche Kenntnis des menschlichen Körpers und über seine interessanten Ideen über Leben, Erziehung und Bewegung.

Ich lud Feldenkrais ein, meinen Unterricht am Lehrerseminar in Haifa zu besuchen, und bat ihn, seine eigene Bewegungsmethode einer kleinen Gruppe von Gymnastiklehrern zu demonstrieren. Zunächst arbeitete er individuell; er manipulierte jeden der Anwesenden persönlich. Schon nach kurzer Zeit interessierten sich mehr Lehrer für seine Methode. Mittlerweile waren es zwanzig geworden – Männer und Frauen –, die zu seinen Kursen kamen. Feldenkrais mußte eine Methode der Gruppenarbeit entwickeln, da er nicht mehr mit jedem Teilnehmer einzeln arbeiten konnte.

Alle seine Übungen wurden auf dem Boden liegend ausgeführt, um die Wirkung der Schwerkraft auszuschalten. Bei der ersten Unterrichtsstunde mit der großen Gruppe lenkte er unsere Konzentration auf die eine Körperseite. Jeder von uns sollte die Bewegungsaufgabe, die Feldenkrais uns gegeben hatte, auf seine Weise ausführen. Diese persönliche Lösung der Aufgabe mußten wir dann viele Male wiederholen und sie weiterentwickeln. Je besser unsere Wahrnehmung und Ausführung der Aufgabe wurde, um so mehr Gefühl und Verständnis entwickelten wir für unser Handeln. Indem wir den Einfluß der Übung beobachteten, wurden sich die meisten von uns der dadurch bewirkten Veränderungen bewußt, die sich nicht nur auf die Bewegung selbst, sondern auf die ganze Körperseite auswirkten. Nach ungefähr einer halben Stunde wurden wir aufgefordert, die rechte Seite, mit der wir geübt hatten, und die linke, die keinerlei Arbeit verrichtet hatte, miteinander zu vergleichen. Es war wirklich erstaunlich. Mein rechtes Bein schien plötzlich ein paar Zentimeter länger zu sein als das linke. Die ganze rechte Seite fühlte sich leichter an, und das so entstandene Gefühl war sehr angenehm. Nun wollten wir alle die Übung mit der rechten Seite wiederholen. „Oh nein", sagte Feldenkrais. „Gehen Sie nun nach Hause und seien Sie sich dessen bewußt, wie Sie sich verändern können. Erhalten Sie sich das Bewußtsein, daß Sie die Funktion der einen Körperseite durch Arbeit unter Anleitung verbessert haben, und streben Sie danach, alte Gewohnheiten zu verändern und neue und bessere zu erlernen." So ließ er uns auf dem Boden liegen, während er zu uns sprach, ließ uns über die Bedeutung des Gewahrseins reflektieren und versuchen, unseren Körper und uns selbst zu reorganisieren.

Die nächste Lektion begann mit einer philosophischen, wissenschaftlichen Erklärung über die Einheit von *Geist* und *Körper*. Feldenkrais hatte sich zum Ziel gesetzt, den sensomotorischen Teil des Nervensystems zu reprogrammieren, damit er seine Funktion besser ausüben könne. Er gab uns Übungen, bei denen selten benutzte Muskeln zur Anwendung kamen, und er erklärte immer wieder, daß seine merkwürdigen Bewegungsaufgaben verschiedene Bereiche des Gehirns stimulieren und so die Funktion des gesamten Gehirns verbessern würden.

Während seines Unterrichts zitierte Feldenkrais oft Passagen aus seinen Schriften, zum Beispiel:

> Jede veränderte Bewegung, die häufig wiederholt wird, vermag Moleküle im Gehirn zu reorganisieren und den Vorgang, wie wir Impulse senden, abzuändern.
> Reorganisation der sensomotorischen Teile des Nervensystems, die eine bessere Funktion dieser Teile zur Folge hat,

bewirkt ein besseres Allgemeingefühl, dessen Ursache nicht körperliche Übung, sondern die Reprogrammierung des Nervensystems ist, die heilend auf das Muskelsystem wirkt.

Jede Unterrichtsstunde von Feldenkrais war eine in sich geschlossene Einheit, die sich nur mit einem Thema befaßte und dieses Thema aus verschiedenen Perspektiven beleuchtete. Ziel war jedoch letztlich immer, die Muskeln und Gelenke zu befreien und habituelle Bewegungsmuster zu verändern. Wenn wir nicht verstanden, was er meinte – wenn wir nicht wußten, wie wir die Aufgabe ausführen sollten –, schrie er uns entweder an oder gab eine lange wissenschaftliche Erklärung ab. Obgleich wir manchmal sehr frustriert waren, veränderten und verbesserten sich unsere Bewegungsgewohnheiten allmählich, und wir gelangten zu einem größeren Bewußtsein unserer selbst. Zu Beginn vieler Lektionen forderte er uns auf, uns zu entspannen und jeden Teil unseres Körpers auf dem Boden zu fühlen, als wollten wir dort einen Abdruck von uns mit schwarzer Tinte hinterlassen. „Wo ist der Abdruck stark? Welcher Teil Ihres Körpers hat den Boden gar nicht berührt?" Ich kann mich noch gut an eine dieser Lektionen erinnern: Ich versuchte, mich auf die Beobachtung meiner eigenen minimalen Bewegungen zu konzentrieren, als Feldenkrais meine Konzentration störte, indem er anfing, uns mit monotoner Stimme über sich selbst zu erzählen.

Er war in einer kleinen Stadt in Rußland geboren. Mit vierzehn Jahren verließ er sein Elternhaus und reiste allein nach Palästina. Um seinen Lebensunterhalt zu verdienen, verrichtete der Junge die verschiedensten Arten von harter körperlicher Arbeit. Nach jahrelangem Durchkämpfen schrieb er sich am Herzl-Gymnasium in Tel Aviv ein, wo er mit 23 Jahren das Abitur machte. Er studierte Mathematik und arbeitete weiterhin, um sich seinen Lebensunterhalt zu sichern und Geld für weitere Studien zurückzulegen. Beim Fußballspielen zog er sich eine Knieverletzung zu, und da die konventionelle Medizin ihm nicht zu helfen vermochte, ging er zur Selbsthilfe über. Feldenkrais vertraute uns an, er glaube, diese Verletzung und die anschließende „Selbstheilung" sei der Kern der Feldenkrais-Methode, die er später entwickelte.[23]

Er studierte in Paris und erwarb ein Diplom als Elektroingenieur, doch befriedigte ihn dies nicht. Also setzte er seine naturwissenschaftlichen Studien fort und wurde Doktor der Physik. Er war sehr stolz darauf, in Paris mit dem Nobelpreisträger Joliot Curie zusammengearbeitet zu haben. Er erzählte uns auch von all den anderen berühmten Menschen, denen er begegnet war. Professor Kano, der Judo-Meister, machte ihn in Paris mit der Kunst des Judo bekannt. Schon bald erwarb Feldenkrais den Schwarzen Gürtel und gründete den ersten Judo-Club Frankreichs. In den dreißiger Jahren schrieb und veröffentlichte er drei Bücher über Judo. Als die Nazis während des Zweiten Weltkriegs nach Paris vorrückten, gelang es ihm, rechtzeitig nach London zu flüchten und dort Asyl zu finden. Wie er uns stolz berichtete, wurde aus dem Flüchtling schon bald eine wichtige Persönlichkeit im britischen Kriegsministerium, wo Feldenkrais für die Alliierten arbeitete. Während dieser arbeitsreichen Jahre verlor er nie das Interesse an der Funktionsweise des menschlichen Körpers, und selbst während des Krieges hielt er in den Jahren 1943/44 Vorträge über dieses Thema vor der „Association of Scientific Workers". Im Jahre 1949 erschien in London sein Buch *Body and Mature Behaviour*. Er sagte, alle, die an seinem Unterricht teilnähmen, sollten dieses Buch lesen. Er erklärte, er halte seine Arbeit an der Bewegungswahrnehmung für wichtiger als alles andere, was er tue. Er sei kurz davor, seine Arbeit für die israelische Regierung aufzugeben, weil er sich ganz der Arbeit an seinen Bewegungstheorien widmen wolle, seine Anschauungen über die Einheit von Geist und Körper konsolidieren und weil er lehren und schreiben wolle.

Als wir uns in der folgenden Woche zum Unterricht trafen, dachten wir alle, er würde nun fortfahren, über sein Leben und über seine Theorien zu referieren. Aber weit gefehlt. Dieser Mann, der soviel Phantasie und Intuition besaß, gab uns diesmal eine ziemlich anstrengende Lektion. Wir lagen auf dem Rücken, versuchten, uns zu entspannen und jeden Teil unseres Körpers zu spüren. Zuerst forderte er uns auf, mit beiden Händen Kopf, Hals und Schultern zu erforschen. Dann mußten wir den rechten Ellbogen in die Beuge des linken Ellbogens legen und ein paar Sekunden lang in dieser Position verharren. Der ganze Körper sollte entspannt sein, die Finger beider Hände ineinander verschränkt. Während der kurzen Zeit, in der wir versuchten, uns dieser neuen Position bewußt zu werden, sagte Feldenkrais, er versuche in jeder Lektion etwas Unerwartetes und Neues zu lehren, damit wir alle neugieriger und mit großem Interesse erwarten würden, was als nächstes geschehe. Wir sollten alle Möglichkeiten herausfinden, diese seltsame Aufgabe zu erforschen. Unsere Ellbogen und Finger waren immer noch ineinander verschränkt, als er uns aufforderte, uns auf die Seite zu legen oder uns in eine beliebige Position aufzusetzen und zu versuchen, die neuen Aspekte und die entstandenen Veränderungen zu empfinden und zu verstehen. Eine Teilnehmerin stellte fest, daß sie ihren Kopf leicht durch den erweiterten Kreis stecken konnte, den ihre Arme bildeten. Das war erstaunlich, und die meisten von uns waren kaum in der Lage, ihr dies nachzumachen. Feldenkrais sagte, wir sollten uns keinesfalls zur Lösung irgendwelcher schwieriger Aufgaben zwingen. „Beobachten Sie einfach die allmählichen Veränderungen in Ihrem eigenen Körper... Legen Sie sich nun wieder hin und bringen Sie den linken Ellbogen erneut in die Beuge des rechten. Sie werden feststellen, daß dies den meisten unter Ihnen sehr leicht fällt, weil Sie schon eine neue Gewohnheit erworben haben. Lassen Sie Arme und Hände ein paar Minuten lang ineinander verschränkt hinter dem Kopf ruhen, bevor Sie neue und andere Bewegungen ausprobieren, während Sie die Position Ihres Körpers verändern. Werden Sie sich dessen bewußt, wie verschiedene Bewegungen Ihrer so miteinander verbundenen Arme Ihre Wirbelsäule und sogar Beine und Knöchel beeinflussen. Wie verändert sich die Wahrnehmung Ihres Körperbildes, während Sie die entstandenen Veränderungen erkunden?"

Ich war so sehr auf das „Üben" konzentriert, daß ich nicht allen Erklärungen von Feldenkrais zu folgen vermochte. Er ertappte mich dabei und forderte mich auf: „Benutzen Sie Ihre Geisteskraft! Sie könnten Ihre Sache wesentlich besser machen. Finden Sie heraus, was falsch ist an Ihrer Fingerarbeit!"

Diese Lektion war ziemlich anstrengend. Feldenkrais ließ uns nicht einmal Zeit, uns am Ende zu entspannen und uns zu erforschen.

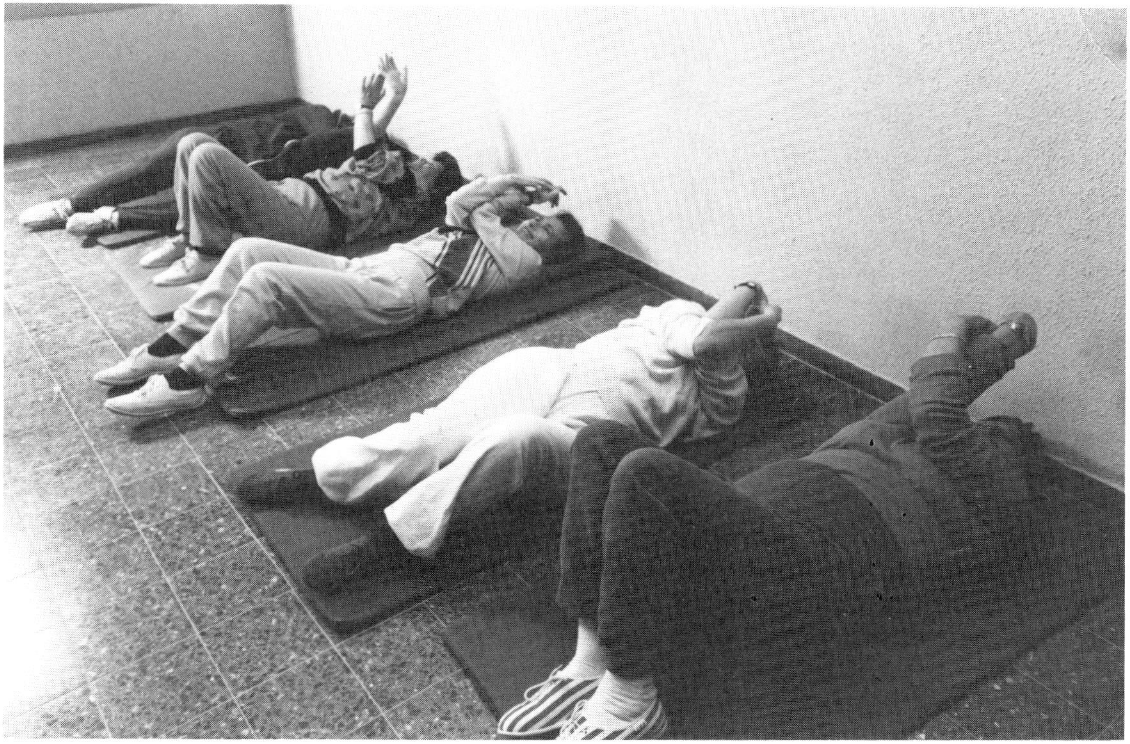

An eine andere Lektion kann ich mich wegen zwei besonderer Vorfälle sehr genau erinnern. Zu Beginn des Unterrichts forderte Feldenkrais uns oft auf, ganz ruhig auf dem Boden zu liegen und uns zu entspannen, jedoch gleichzeitig möglichst bewußt zu spüren, wie jeder Teil unseres Rückens den Boden berühre. Dvora, eine junge Lehrerin, die neben mir lag, gab merkwürdige Geräusche von sich. Ob sie sich nicht wohlfühlte? Nein! Sie schnarchte und schlief offenbar fest. Ich machte Moshé darauf aufmerksam, doch er sagte: „Lassen Sie sie schlafen; sie braucht das, es ist das beste für sie." Ich fing zwar keine Diskussion mit ihm an, dachte mir aber: Diese junge Lehrerin, die von weit her kam, um die Feldenkrais-Methode kennenzulernen, hätte zu Hause billiger und besser schlafen können! Feldenkrais forderte uns nun auf, unseren Kopf nach links zu wenden und das linke Bein anzuwinkeln, so daß der Fuß auf dem Boden stand. In dieser Position sollten wir verweilen, unsere Atmung kontrollieren, uns entspannen und es uns bequem machen. Dann nahmen wir den Knöchel des rechten Beins in beide Hände, drehten uns langsam nach links, den Kopf jedoch gleichzeitig nach rechts. Ohne den Griff um das rechte Bein zu lockern, sollten wir versuchen, den rechten Fuß über den linken zu heben, so daß die Fußsohle auf dem Boden stand, und in dieser Position sollten wir ein paar Sekunden lang bleiben.

Feldenkrais demonstrierte seine Übungen nie selbst. Wir mußten die gestellten Aufgaben allein aufgrund seiner Erklärungen erfassen. Manchmal – so auch in dieser Lektion – war es ziemlich schwierig zu verstehen, was wir tun sollten. „Nutzen Sie Ihr Potential, setzen Sie Ihr Denken besser ein", brüllte er einen netten älteren Mann an, der den Erklärungen nicht so schnell zu folgen vermochte, wie Feldenkrais glaubte, er könne es. Während unsere Hände immer noch die Fessel des rechten Fußes umfaßten, der, über das linke Bein geschlagen, auf dem Boden stand, begann Feldenkrais mit einem langen Vortrag. Er knüpfte am Beispiel des unglücklichen älteren Mannes an und erklärte erneut, daß die meisten Menschen nicht ihr gesamtes angeborenes Potential nutzen würden. Sie würden ihre Geisteskräfte einfach nicht entwickeln. Sein Ziel sei, seine Schüler dazu zu erziehen, ihre Schwä-

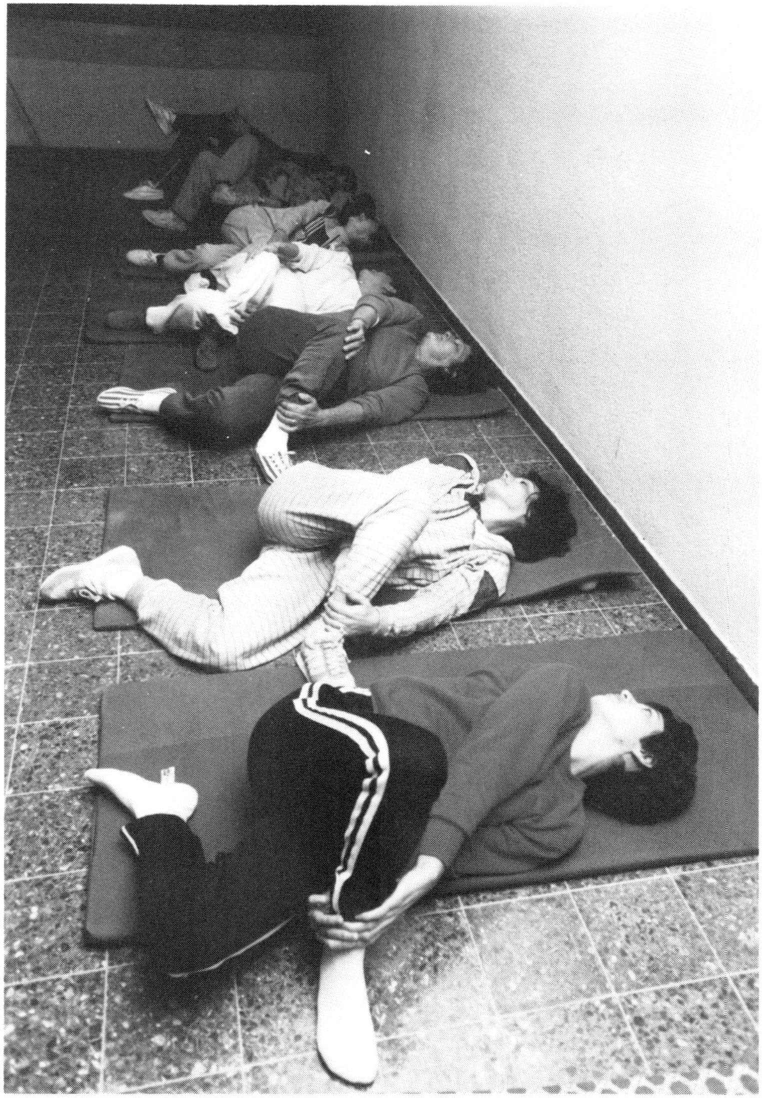

chen selbst zu entdecken, sich ihrer zu entledigen und zu „lernen", ihr angeborenes Potential zu entwickeln. Erst nach Ende seiner Rede gestattete er uns, uns in Rückenlage zu entspannen. Dann kam er auf die soeben beschriebene Aufgabe zurück, forderte uns jedoch diesmal auf, den Kopf zur anderen Seite zu wenden, während das linke Bein immer noch auf dem Boden stand und wir die rechte Fessel in unseren Händen über das linke Bein schlagen sollten. Wir lagen nun auf der linken Seite und mußten versuchen, die Sohle unseres rechten Fußes vollständig um das linke Bein herumzubewegen. Zu diesem Zweck durften wir Kopf und Schultern heben und uns herum- und wieder zurückdrehen. Jede(r) von uns wiederholte die Bewegung, die er/sie individuell entwickelt hatte, bis wir die neue Gewohnheit oder die neue Fähigkeit ohne unnötige Anstrengung ausführen konnten. Dann lagen wir wieder auf dem Rücken und überprüften unseren gesamten Körper auf Veränderungen. Im Gegensatz zu anderen Lektionen forderte Feldenkrais uns diesmal auf, zuerst im Geiste und dann mit dem Körper die gesamte Aufgabe auf der anderen Seite und mit dem anderen Bein zu wiederholen. „Prüfen Sie den Unterschied zwischen den beiden Seiten und werden Sie sich der dabei aufgewendeten Anstrengung bewußt."

Dvora, die junge Lehrerin, wachte am Ende der Lektion lachend auf. Der ältere Herr, den Feldenkrais so barsch angefahren hatte, sagte, er fühle sich keineswegs gekränkt. Im Gegenteil, nach der Lektion war er wesentlich selbstsicherer geworden. Wir alle standen langsam auf. Ich persönlich empfand Veränderung und ein angenehmes Gefühl.

Die Komplexität dieses bemerkenswerten Menschen – Feldenkrais der Wissenschaftler, der Philosoph, der Schriftsteller, der Lehrer – wurde von seinen vielen Schülern gespürt, verstanden und oftmals auch mißverstanden.

Eine seiner Anhängerinnen schrieb mir: „Ich glaube, Feldenkrais machte den riesigen Sprung über das unbekannte Gebiet zwischen dem ‚Ausführen einer Bewegung' und dem ‚Erfahren einer Bewegung', er ist zum Gewahrsein des Körpers als eines Gesamtorganismus vorgedrungen, der vom zentralen Nervensystem gesteuert wird."[24]

Feldenkrais selbst schrieb[25] und erklärte in seinen Lektionen und Vorträgen immer wieder:

> Der Motorkortex ist die gemeinsame Achse, von der sowohl die bewußten wie auch die reflexhaften Reaktionen ausgehen; eine veränderte Reaktion ist logisch kaum zu erwarten, wenn ihr nicht auch eine veränderte Muskelreaktion entspricht... Sobald wir durch unsere Körpererfahrung erkennen, daß Veränderungen grundlegender Art in uns möglich sind, können zwanghafte Verhaltensweisen und Entwicklungsstörungen verändert werden. Jeder sollte sich seiner Möglichkeiten, sich zu ändern, bewußt werden und mit möglichst geringer Anstrengung maximale Leistungsfähigkeit und maximales Glück erreichen. Gewahrsein ist Bewußtsein in Verbindung mit der Erkenntnis dessen, was in uns selbst vorgeht... Unsere Arbeit ist eine Übungsmethode, die den anfänglich indirekten Einfluß in klares Wissen verwandelt... Wir handeln als ganze Einheit, selbst wenn diese Ganzheit nicht vollkommen ist. Daraus ergibt sich die Möglichkeit, auch in schwierigeren Bereichen Gewahrseinskontrolle zu entwickeln. Veränderungen in Bereichen, in denen Kontrolle leicht fällt, beeinflussen auch den Rest des Systems.

Die Theorien und die Lebensphilosophie von Moshé Feldenkrais basieren, wie schon zu Beginn erwähnt, auf der alten Philosophie von der Einheit des menschlichen Wesens – auf der *Einheit* von Körper, Geist und Seele. Ich habe bereits erwähnt, daß Feldenkrais seinen praktischen Unterricht immer mit Erläuterungen über sein Leben, seine Philosophie, über die komplexen Gehirnfunktionen, über die Veränderung von Bewegungsmustern und über die Funktionsweise von Geist und Gefühlen verbunden hat. Bei den meisten seiner Lektionen lagen die Teilnehmer auf dem Boden, so daß ihr Körper dem Einfluß der Schwerkraft (weitgehend) entzogen war und sie ihr volles Potential entdecken konnten.

Das Ziel der Re-Edukation nach Feldenkrais ist die Fähigkeit der „potent action", d. h. Kontrolle über Erregungszustände des Körpers zu erwerben und sich dessen gewahr zu sein, wie man zuvor erworbene Bewegungsgewohnheiten verändern und neue, bessere und wirksamere entwickeln kann.

Moshé Feldenkrais, diese außerordentliche Persönlichkeit, wurde von den meisten seiner Schüler und Patienten auf der ganzen Welt bewundert. Niemand blieb ihm gegenüber indifferent. Er war kein „freundlicher" Mensch, er war weder großzügig, noch sah er besonders gut aus, aber viele – besonders Frauen – liebten ihn. Er hat Männern, Frauen und Kindern den Weg zu Gesundheit und Glück gewiesen.

Professor Eliyahu Ne'eman vom Technion, dem israelischen Institut für Technologie in Haifa, erzählte mir, Feldenkrais habe ihn gerettet. Der junge Ne'eman war im Unabhängigkeitskrieg schwer verletzt worden. Er wurde von den besten Ärzten behandelt, doch gelang es ihnen nicht, ihm wieder normales Gehen, Studieren oder Arbeiten ohne große Anstrengung zu ermöglichen. Anfang der fünfziger Jahre traf er zufällig auf Dr. Feldenkrais, der zu jener Zeit noch für das israelische Verteidigungsministerium arbeitete. Feldenkrais schlug Ne'eman vor, er wolle ihn behandeln, ihm durch täglichen Unterricht zu helfen versuchen. Nach einem Jahr intensiven Lernens mit vielen langen Lektionen und persönlichen Diskussionen war Ne'eman wieder in der Lage, normal zu gehen und zu arbeiten. Als ich Professor Ne'eman in den siebziger Jahren kennenlernte, merkte man ihm keinerlei Schwierigkeiten beim Gehen an, und ich erfuhr, daß er mittlerweile eine erfolgreiche Karriere als Forscher und Lehrer eingeschlagen hatte.

Professor Ne'eman erklärte mir, seine Heilung sei keineswegs eine „Wunderkur" gewesen, sondern nur dem bewußt kontrollierten Training unter der hervorragenden Anleitung von Dr. Feldenkrais sowie seinem eigenen Verständnis der Methoden von Feldenkrais zuzuschreiben.

Ruth Dagan vom Kibbutz Ein Charod war viele Jahre lang Ausbilderin für Lehrer am Kibbutz-Seminar in Tel Aviv und am College für Körpererziehungslehrer in Beersheva. Sie schilderte mir, wie der Unterricht bei Feldenkrais ihre gesamte Perspektive und ihre Lehrmethoden verändert hatte. „Seine wissenschaftlichen Kenntnisse eröffneten mir völlig neue Perspektiven, und seine Übungen, die selten benutzte Muskeln aktivierten, waren neu und interessant für mich und führten mich zu neuer Erfahrung und neuem Gewahrsein von Bewegungen."

Nelli R., eine Lehrerin, die drei Jahre lang in der skandinavischen Gymnastikmethode ausgebildet worden war und die seit über zehn Jahren erfolgreich an höheren Schulen und Lehrerseminaren unterrichtete, nahm an einem „Feldenkrais-Sommerkurs" teil. Sie war so beeindruckt, daß sie ihre Arbeit aufgab, um sich zur Lehrerin der Feldenkrais-Methode ausbilden zu lassen. Durch Bewegungserfahrung gelangte sie zu einem neuartigen Gewahrsein ihrer selbst und ihrer Bewegungskontrolle. Feldenkrais leitete sie zu einer Art von „Selbst-Transformation". Nicht nur ihr Unterricht veränderte sich, sondern ihre gesamte Lebensweise wurde befriedigender.

Eine der hervorragendsten Feldenkrais-Lehrerinnen ist Ruth Alon. Ruth absolvierte eine Ausbildung am Allgemeinen Lehrerseminar in Beth HaKerem, Jerusalem. Anschließend war sie als Lehrerin an Grundschulen und höheren Schulen tätig, hörte jedoch nie auf, Tanzen und Sport als Hobby zu betreiben. Als sie an einem der Kurse von Feldenkrais teilnahm, reagierte sie darauf verstört, aber mit großem Interesse. Sie studierte über sechs Jahre die Feldenkraismethode. 1975 wurde sie Chefassistentin von Feldenkrais und leitete gemeinsam mit ihm in den Jahren 1975 bis 1982 allgemeine Kurse und Senior-Training-Kurse für Lehrer in Israel und in den Vereinigten Staaten. Sie brachte Feldenkrais mit vielen wichtigen Persönlichkeiten in Kontakt, so daß sein Lebenswerk von Jahr zu Jahr bekannter wurde.

Seit dem Tod von Feldenkrais im Jahre 1984 bildet Ruth Alon zusammen mit anderen Senior-Lehrern weiterhin Lehrer in der Feldenkraismethode aus. Die Ausbildungskurse für Lehrer umfassen ungefähr tausend Lektionen im Verlauf von vier Jahren.

Allein in Israel und Europa gibt es nach Ruth Alon mehr als vierhundert Feldenkrais-Lehrer, die Privatunterricht geben und Behandlungen durchführen.

Neben der Erfüllung ihrer Verpflichtungen gegenüber der Feldenkrais Foundation[26] in Israel erhält Ruth Alon auch ständig

Einladungen, in Paris und in Australien zu lehren. Ihre spezielle Variante der Methode eröffnet der Feldenkraisarbeit neue Aspekte und zieht auf der ganzen Welt immer mehr Menschen an.

Sie sagte mir, durch Feldenkrais habe sie nicht nur neue Lehrmethoden erlernt, sondern vor allem eine völlig neue Lebensweise.

Chava Shilhav wurde zusammen mit Ruth Alon von Moshé Feldenkrais ausgebildet. Sie ist ebenfalls eine bemerkenswerte Persönlichkeit und lehrt am Kibbutz-Seminar in Tel Aviv. Außerdem ist sie Erziehungsdirektorin für neue Lehrerausbildungskurse in Tel Aviv. Während der Ferienzeit unterrichtet sie in Deutschland und in den USA.

Ruth Alon und Chava Shilhav sind beide autorisierte Senior-Trainer in „Gewahrsein durch Bewegung und Funktionaler Integration" – dies ist der offizielle Name der Feldenkrais-Methode. „Gewahrsein durch Bewegung" wird mittels ausführlicher verbaler Erklärungen in großen Gruppen gelehrt. „Funktionale Integration" bedeutet individuelle Behandlung; dies ist eine Manipulationstechnik zur neuromotorischen Rekonditionierung, die im Gegensatz zu den Gruppenlektionen fast ohne Worte ausgeführt wird.

Eine andere sehr interessante Lehrerin ist Nira Ne'eman. Sie ist Leiterin der Abteilung für Bewegung und integrierte Kunst in der Erziehung, die der Schule für Pädagogik der Universität Haifa (Oranim-Kibbutzbewegung) angeschlossen ist. Nira ist eine enthusiastische Anhängerin von Feldenkrais und hat von 1954 an fast zehn Jahre lang an seinen Kursen in Haifa teilgenommen. Ihr Ehemann, E. Ne'eman, hatte ihr berichtet, daß Feldenkrais eine außergewöhnliche Persönlichkeit sei, und ihr geraten, bei ihm Unterricht zu nehmen. In ihrem Buch *Bewegung, Gewahrsein und Kreativität,* das sie zusammen mit ihrer Freundin Lea Bartal schrieb, sagt sie:

> Jede Lektion ist eine geschlossene Einheit, die sich mit einem bestimmten Thema beschäftigt, das aus jeder nur denkbaren Perspektive beleuchtet wird – man wiederholt dabei die eigenen Aktionen viele Male und lauscht ihnen.

Nira erzählte mir, diese Methode habe ihr geholfen, ihre Intuition zu entwickeln, ihre eigene Wahrnehmungsfähigkeit sowie auch die ihrer Schüler zu vertiefen, Einstellungen zu verändern und vor allem wirklich bewußte Wahrnehmung der Körpererfahrung und Kreativität in der Bewegung zu entwickeln.

Feldenkrais wurde in Israel im Jahre 1955 bekannt, als er anfing, mit David Ben-Gurion zu arbeiten, dem ersten Premierminister des Staates Israel.

Ein Photo, das Ben-Gurion beim Kopfstand zeigt und in einer der wichtigsten Zeitungen erschien, machte viele neugierig darauf, etwas über die Feldenkraismethode zu erfahren.

Feldenkrais war sehr stolz, daß Ben-Gurion ihn zu sich gerufen hatte und daß es ihm gelungen war, ihn von seinen Schmerzen im Nackenbereich und in den Gelenken zu befreien. Er lehrte Ben-Gurion, seinen Körper besser und ohne unnötige Anstrengung einzusetzen und seine Gesundheit und Fitness zu verbessern.

Yitzhak Navon[27], der ehemalige Privatsekretär von Ben-Gurion, war so freundlich, mir viele Jahre nach Ben-Gurions Tod ein paar Fragen zu beantworten. In einem Brief (vom 5. August 1986) schrieb er mir:

> Feldenkrais' Einfluß auf Ben-Gurion war ausgezeichnet. Ben-Gurion hat nie die Behandlung durch Feldenkrais unterbrochen. Er nahm immer wieder Lektionen, weil sie sein Allgemeingefühl positiv beeinflußten.

Feldenkrais konnte tatsächlich große Erfolge in seiner Arbeit mit Ben-Gurion verzeichnen. Er erfüllte unseren alten Premierminister auch nach seiner Pensionierung mit neuer Lust am Lernen, am Arbeiten und am Leben.

Als Ben-Gurion sich in Sde Boker zur Ruhe setzte, einem Kibbutz in der Negev-Wüste unweit von Beersheva, bat ich ihn, am College für Körpererziehung in Beersheva einen Vortrag über die Auswirkungen der Bewegungserziehung auf ihn selbst zu halten.[28] Nach ein paar Tagen erhielt ich einen sehr interessanten persönlichen Brief von ihm mit aufrichtigen Erfolgswünschen für unsere Arbeit. Er riet mir, Feldenkrais selbst statt seiner einzula-

Ben Gurion
beim Kopfstand

den, weil er von ihm gelernt habe, wie wichtig Bewegung in allen ihren Formen sei.[29]

Einer der aufsehenerregendsten Erfolge von Feldenkrais war die Behandlung einer Dame aus der Schweiz. Er selbst beschreibt den langsamen Fortschritt, seine Irrtümer und seine erneuten Versuche in seinem Buch *The Adventures in the Jungle of the Brain, the case of Nora*[30]. Wer war Nora? Worin bestand ihr „Fall"? Nora war eine gebildete Schweizerin von ungefähr 65 Jahren, die eines Morgens aufwachte und sich weder bewegen noch sprechen konnte. Ihr Hausarzt und der Neurologe des Züricher Hospitals diagnostizierten eine Verletzung in der linken Hirnhälfte. Nach ungefähr einem Jahr, als Nora das Hospital wieder verließ, hatte sie ihre Bewegungs- und Sprechfähigkeit wiedererlangt, sie war allerdings ziemlich langsam geworden. Doch als sie zu Hause ankam, konnte sie die Tür zu ihrem eigenen Zimmer und zum Bad nicht finden. Sie stieß gegen Wände und konnte auch nicht mehr lesen und schreiben. Sie hatte die Raumorientierung völlig verloren und mußte Tag und Nacht beaufsichtigt werden. Ihre Schwestern ließen sie keinen Augenblick allein.

Nora und ihre Schwestern hörten Vorträge von Feldenkrais über seine Methode im Schweizer Radio und baten ihn um Hilfe.

Feldenkrais traf eine nette ältere Frau an, die auf einem Stuhl saß und sich intelligent mit ihm unterhalten konnte. Er untersuchte, wie sie auf Berührungen ihres Körpers reagierte, besonders im Kopfbereich. Zunächst zögerte er, die Behandlung einer Frau zu übernehmen, die ihr Orientierungsgefühl verloren hatte. In seinem Buch beschreibt er die Arbeit mit ihr, seine Manipulationen, seine Versuche, wie er die Behandlungsmethode abwandelte, seine Enttäuschungen und Fortschritte. Diese Fallgeschichte liest sich wie ein Thriller. Wird es ihm gelingen, ihr einen neuen Weg durch den „Dschungel ihres Gehirns" zu weisen? Seine profunden Kenntnisse über das menschliche Gehirn waren vermutlich die Grundlage für seine Intuition, durch die er speziell für die Behandlung von Nora eine erstaunliche neue Technik entwickelte. Es wäre falsch, auch nur den Versuch zu machen zu erklären, wie Feldenkrais die Re-Edukation von Nora gelang. Ihre Orientierungsfähigkeit wurde wiederhergestellt, und sie konnte schließlich wieder ein fast normales Leben führen.

Wie hat Feldenkrais mich selbst beeinflußt? Ich bin nicht als Feldenkrais-Lehrer ausgebildet und habe nur von Anfang der fünfziger Jahre bis 1960 einmal wöchentlich an seinem Gruppenunterricht teilgenommen. Dann verließ er meine kleine Gymnastikhalle am College in Haifa und verlegte seine Kurse in größere Räumlichkeiten. An seinen Lektionen nahmen mehr als 60 Personen teil, und statt von Feldenkrais selbst kam seine Stimme von einem Tonband, das er besprochen hatte. Zu diesem Zeitpunkt hörte ich auf, an den Lektionen teilzunehmen.

Während der ersten Jahre, als wir noch eine ziemlich kleine Gruppe von Lehrern waren, waren seine Lektionen sehr interessant. Seine Grundideen und seine Effort-Theorie waren mir nicht neu, weil ich von Laban und seiner Schule ausgebildet worden war und auch die moderne deutsche Gymnastik kennengelernt hatte. Laban hatte im Jahre 1947 sein Buch *Effort* veröffentlicht, in dem er die Bedeutung von Effort erklärte und dessen bewußte Kontrolle betonte.[31] Ich habe niemals herausgefunden, ob Feldenkrais Labans Buch[32] gelesen hat oder ob er unmittelbar von Laban beeinflußt worden war.

In seinen Lektionen und Büchern erklärte Feldenkrais immer wieder die Bedeutung der Effort-Kontrolle, die ich schon vorher kannte. Doch der größte Teil meiner Lehrtätigkeit hat immer in der „aufrechten" Dimension stattgefunden – Gehen, Laufen, Springen, Klettern, Werfen und so weiter. Und nun lag ich hier auf dem Boden, wo es wegen der verringerten Wirkung der Schwerkraft leichter war, die eigenen Bewegungsmöglichkeiten zu erforschen. Die Bewegungsaufgaben, die Feldenkrais erklärte, waren mir völlig neu. Sie vitalisierten ungenutzte Körperteile und verbesserten meine Leistungsfähigkeit beim Tennis, beim Ski, beim Tanzen und bei anderen Aktivitäten. Mein Bewegungsgewahrsein hat sich durch seinen Einfluß nicht wesentlich verbessert, aber durch die siebenjährige Teilnahme an seinem Gruppenunterricht ist nicht nur meine Leistungsfähigkeit größer geworden, sondern ich wurde auch dazu angeregt, selbst neue

Ideen und Methoden zu entwickeln, hauptsächlich für den Unterricht mit Erwachsenen.

Im folgenden möchte ich einen Blick auf drei meiner Unterrichtsstunden werfen, um zu zeigen, wie sich der Einfluß von Moshé Feldenkrais auf meine Arbeit mit Erwachsenen ausgewirkt hat.

In einem von der Universität von Beersheva organisierten Kurs gab ich einer Gruppe von ungefähr zehn Frauen im Alter von dreißig Jahren und älter einmal wöchentlich Unterricht. Durch die Teilnahme an meinem Unterricht wollten sie ihre Gesundheit, ihr Selbstvertrauen, ihr inneres Gleichgewicht, ihre Beweglichkeit und ihr allgemeines Wohlbefinden verbessern.

Ich möchte zunächst eine Unterrichtsstunde beschreiben, die mit einem Ballspiel begann. Nach dem Spiel wurden die Teilnehmerinnen aufgefordert, sich auf den Rücken zu legen, Kopf und Gliedmaßen ohne Anstrengung zu dehnen und natürlich zu atmen. Ich bat sie, sich mit geschlossenen Augen zu konzentrieren und zu kontrollieren, wie jeder Teil ihres Körpers den Boden berührte. Kopf, Schultern, Rumpf, Unterrücken, Lenden und Füße. Sie sollten herausfinden, wo sie Spannungen fühlten.

Es war Abend, und die meisten dieser jungen Frauen hatten einen langen Tag voller Arbeit, Sorgen und Streß hinter sich. Nun sollten sie all dies durch bewußte Entspannung aller Teile ihres Körpers loslassen. Ich konnte sehen, wie die Angespanntheit allmählich von ihren Gesichtern verschwand, und einige von ihnen lächelten schließlich sogar.

Das Hauptthema dieser Unterrichtsstunde war das Becken. Feldenkrais hat oft erklärt und dies auch in seinem Buch *The Potent Self* geschrieben:

> Die meisten Menschen verlieren bestimmte Bewegungsmöglichkeiten ihres Beckens. ... Infolgedessen sind sie nicht in der Lage, ihre Knie bis zur anatomisch vorgegebenen Grenze zu öffnen. ... Die Beckenregion ist die Grundlage der Bewegung und damit die Grundlage des Lebens.

Schon zu Beginn unseres Jahrhunderts hatte Bess Mensendieck über die Bedeutung maximaler Beweglichkeit des Beckens bei der Gymnastik für Frauen geschrieben.

Ballspiel

In meinem Unterricht verwende ich häufig Übungen, die die Bewegungsfähigkeit des Beckens verbessern und auch zu einer besseren Beweglichkeit der Hüftgelenke führen sollen, deren Hauptzweck jedoch ist, die inneren Organe der Frau zu vitalisieren.

Ich erklärte den Frauen der Gruppe einige Theorien von Feldenkrais und verwendete auch die berühmte „Uhr"-Übung, allerdings auf meine eigene Weise. Das Gewicht des Körpers ruht auf den aufstehenden Fußsohlen, den Schultern und dem Oberteil des Rumpfs, Knie und Füße bilden eine gerade Linie mit den Hüften. Das Becken wird langsam bis zu einer Höhe angehoben, wie es jedem einzelnen angenehm ist. Alle sollen versuchen, einige Sekunden in dieser Position zu verharren und dabei natürlich zu atmen, ohne die Gesichts- und Halsmuskulatur zu verkrampfen. Um in dieser Position zu verweilen und um die Wölbung des Unterrückens zu vergrößern, müssen die Muskeln der Oberschenkel, des Gesäßes und des Beckens aktiviert werden. Dann sollen die Teilnehmer versuchen, das Becken vor und zurück zu stoßen. Sie sollen sich vorstellen, daß unter ihrem Becken eine imaginäre Uhr liege. 6 Uhr befindet sich am unteren Ende des Beckens, dem Kreuzbein, 12 Uhr am oberen Ende des Beckens, wo man die Verbindung des Beckens mit dem Rumpf spüren kann. Feldenkrais sagte über die „Beckenuhr": „Stoßen Sie das Becken vorwärts und rückwärts von 6 auf 12 und zurück."

Ruti verstand die gestellte Aufgabe nicht. Ich sagte ihr, sie solle einfach Becken und Unterrücken langsam und ohne Streß heben und beim anschließenden Senken jeden Wirbel spüren. Shlomit fragte: „Warum diesen Bewegungen Zahlen geben?" Chani und Shula wollten ihre Sache zu gut machen und strengten sich deshalb unnötig an. Vier andere Frauen schlossen die Augen, konzentrierten sich auf die Aufgabe, wiederholten sie viele Male und wurden sich von Mal zu Mal der Reaktionen ihres gesamten Körpers bewußter.

Als die Frauen wieder flach auf dem Rücken lagen, fragte ich, ob sie irgendwelche Veränderungen bemerkt hätten. Die Antwort war bei den meisten positiv – sie fühlten sich entspannter, und ihr Unterrücken berührte nun den Boden. Doch Chani und Shula

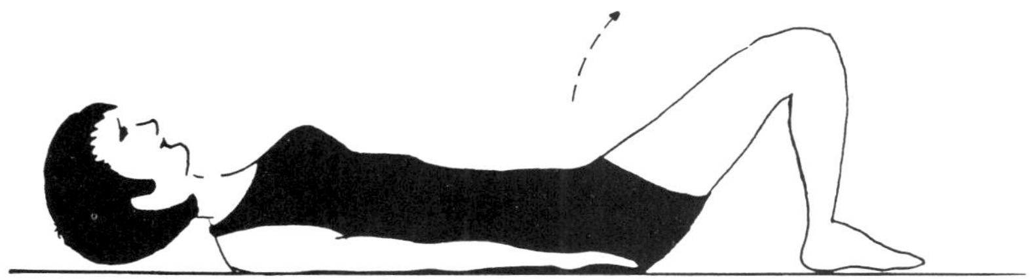

1

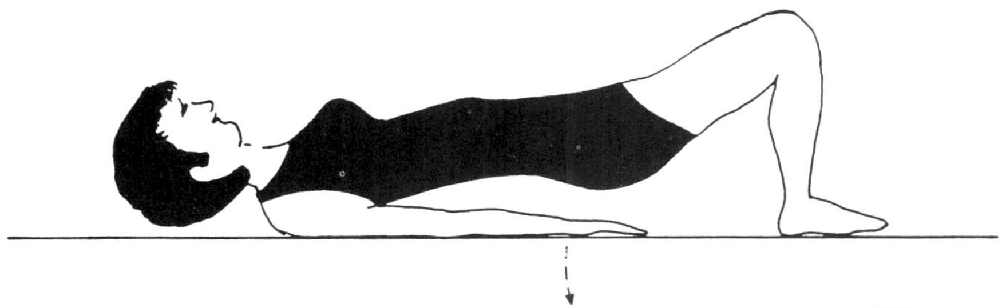

2

sagten, sie empfänden nun noch mehr Anspannung als vorher und könnten keine Veränderung zum Besseren feststellen. Da mein Unterricht individuell ist, auch wenn einige der Übungen von der ganzen Gruppe ausgeführt werden, mußte ich diesen beiden Frauen helfen.

Nach einer kurzen Pause kehrten wir zu unserer „Uhr" zurück und bewegten das Becken erneut von 6 nach 12 Uhr. Dann gab ich die Anweisung, das Becken auch seitlich zu bewegen, also nach 3 und 9 Uhr, zunächst im Geist und dann auch in der Bewegung den ganzen Kreislauf der Uhr entlang. „Bewegen Sie sich leicht und langsam; heben Sie das Becken und den Unterrücken nach Ihren Möglichkeiten." Ich half Shula und Chani mit meinen Händen, Becken und Unterrücken zu heben, tief zu atmen und sehr langsam mit einer kleinen Drehung des Beckens nach links und rechts wieder in die Ruheposition zurückzukehren und sich zu entspannen.

Ich erinnere mich daran, daß wir die „Uhr" in einer Lektion bei Feldenkrais ungefähr fünfzig Minuten lang geübt haben. Ich selbst lasse meine Schülerinnen die Variationen dieser Bewegungsaufgabe jeweils nur kurze Zeit ausprobieren.

Nachdem die Teilnehmerinnen sich in Rückenlage entspannt hatten, standen sie langsam auf und kontrollierten etwaige Haltungsveränderungen beim Stehen und Gehen.

Am Ende der Unterrichtsstunde spielten wir: Tennisbälle sollten aus der Hüfte geworfen werden, wobei Arme und Hände nur der Drehung der Hüfte folgen sollten. Ich fragte: „Wie kann man den Ballwurf aus der Hüfte steuern? Welche Auswirkung hat dies auf die Leistung, und wie reagiert der gesamte Körper?" Dann sollten sie einige Augenblicke mit geschlossenen Augen stehen und sich auf ihre Haltung konzentrieren.

Als wir uns eine Woche später wiedertrafen, hatten die meisten die Übungen zu Hause fortgesetzt und waren begierig zu zeigen, wie die neue Erfahrung sich bei ihnen auswirkte und wie sie sich verbessert hatten.

Gemäß der Idee von Feldenkrais, daß jede Lektion eine Überraschung sein soll, immer neu und daher interessant, fing ich diesmal mit einem kleineren Tennisball an, statt wieder die schwereren Bälle der vorangegangenen Lektion zu benutzen. Ich forderte die Frauen auf, mit einem oder zwei Bällen zunächst allein und später mit einer Partnerin zu spielen. „Beobachten Sie den Gewichtsunterschied und die unterschiedlichen Aktivitäten, die Sie entwickeln können, wenn Sie die Geschwindigkeit verändern, wenn Sie die Bälle in die Luft werfen oder sie rhythmisch auf den Boden aufprallen lassen. Genießen Sie das Spielen." Ich sagte, mein Hauptthema an diesem Abend seien die Füße. Die Teilnehmerinnen wurden gebeten, einen Tennisball zu nehmen, sich auf das linke Bein zu stellen und den Ball unter den *rechten* Fuß zu legen. Auf nur einem Bein stehend sollten sie versuchen, den Ball zuerst mit den Zehen, dann mit den Fersen zu drehen (mit dem großen Knochen, der den Namen Calcaneus trägt), dann mit der Wölbung. Sie sollten alle unterschiedlichen Möglichkeiten herausfinden, die Muskeln und Bänder des Fußes zu aktivieren, beispielsweise nur die beiden äußeren Zehen benutzen. Ich bemerkte, daß Ruti genau diese Möglichkeit ausprobierte. Wer Schwierigkeiten mit dem Gleichgewicht hatte, konnte sich an der Wand festhalten. Einige Frauen wirkten müde, deshalb sagte ich allen, sie sollten sich hinsetzen, jedoch den Tennisball mit dem gleichen Fuß bewegen, den sie schon im Stehen dazu benutzt hatten. Nachdem die Bälle beiseite gelegt worden waren, forderte ich die Teilnehmerinnen auf, stehend die beiden Körperseiten miteinander zu vergleichen. Alle bemerkten die Veränderung: der rechte Fuß stand nicht nur besser auf dem Boden, sondern die ganze rechte Körperseite fühlte sich anders an als vorher. Nachdem sie ebenso mit dem anderen Bein experimentiert hatten und ziemlich müde geworden waren, forderte ich die Frauen auf, sich hinzusetzen, jede in einer ihr möglichst bequemen Position und beide Füße nacheinander jeweils etwa zehnmal langsam im Kreis zu bewegen. Anschließend sollten sie jede Zehe jeweils ein paarmal mit den Händen in verschiedene Richtungen drehen.

Während die Teilnehmerinnen sich auf diese relativ einfache Aufgabe konzentrierten, erzählte ich ihnen, daß Feldenkrais uns in seinen Lektionen häufig nur mit einer Körperseite üben ließ – so wie ich es zu Beginn dieser Lektion mit den Frauen gemacht

hatte. Sein Ziel sei dabei gewesen, uns die Veränderungen bewußt zu machen, die an dieser Körperseite auftreten.

„Stehen Sie nun auf und versuchen Sie, den Tennisball abwechselnd mit Zehen und Fersen zu steuern, während Sie schnell vorwärts, rückwärts oder seitwärts gehen und dann plötzlich stehenbleiben – ohne den Ball zu verlieren. ‚Werfen' Sie den Ball dann mit den Zehen, den Fersen oder mit der Seite beider Füße nach vorne. Wenn Sie müde werden, können Sie sich setzen oder legen, aber spielen Sie auch dann weiter mit dem Tennisball. Wenn Sie das Gefühl haben, dies gut zu beherrschen, dann versuchen Sie die gleiche Aufgabe mit geschlossenen Augen."

Esther konnte diese Aufgabe mit Leichtigkeit ausführen, mit geschlossenen Augen, die Füße abwechselnd und mit ausgestreckten Armen; es sah wie ein Tanz aus. Die meisten anderen Frauen jedoch waren nicht in der Lage, ihren Ball zu beherrschen, aber sie versuchten es immer wieder. Ahuva und Shlomit stellten fest, daß sie die Bälle nur dann mit den Füßen herumrollen konnten, wenn sie sich an der Wand festhielten. Alle waren sehr konzentriert; die neue Bewegungserfahrung gefiel ihnen. Als sie sich wieder niederlegten, sagten einige, die Übungen mit den Füßen würden sich auf den ganzen Körper auswirken. Sie entspannten sich und atmeten tief und natürlich. Am Ende der Lektion forderte ich sie auf, langsam aufzustehen. Sie wurden sich dessen bewußt, wie die Übungen mit den Füßen ihre Haltung verändert hatte.

Bevor sie nach Hause gingen, schlug ich ihnen vor, an der Bewegungsfähigkeit ihrer Füße zu arbeiten, während sie daheim vor dem Fernsehgerät säßen (selbst wenn sie dabei Schuhe trügen). Vor allem aber sollten sie täglich ein paar Minuten lang üben, barfuß auf Zehen und Fersen zu gehen.

Ich glaube, daß Spiele das Leben bereichern. Ich beziehe stets Spiele in meinen Unterricht ein, damit Menschen aller Altersstufen zur Freude und zum Glück des Spielens zurückfinden.

Beim nächsten Treffen hatte ich für jede Teilnehmerin einen Stuhl in den Raum gestellt. Ich forderte die Frauen auf, ziellos durch den Raum zu laufen, während Musik ertönte. Wenn die Musik abbrach, sollten sie sich so schnell wie möglich auf einen

Stuhl setzen. Im Gegensatz zu der Variante dieses Spiels, die ich aus meiner eigenen Kindheit kenne, war in diesem Fall für *jede* Teilnehmerin ein Stuhl da – sie brauchten also wirklich nur auf die Musik zu reagieren. Bei jeder Wiederholung wuchs die Aufmerksamkeit der Teilnehmerinnen, und sie freuten sich über ihre Fähigkeit, schnell zu reagieren. Anschließend forderte ich sie auf, auf den Stühlen sitzen zu bleiben, natürlich zu atmen, und nichts anderes zu tun, als so dazusitzen, wie sie es von zu Hause oder aus dem Büro gewöhnt seien. „Stehen Sie jetzt auf und setzen Sie sich wieder hin, so schnell oder so langsam, wie sie mögen."

Nachdem alle dies getan hatten, gab ich die Anweisung, sie sollten den Körper beim Ausatmen auf entspannte Weise vorbeugen und sich beim Einatmen langsam wieder aufrichten. „Probieren Sie dies mehrmals und drücken Sie beim Einatmen den Beckenbereich und den unteren Teil der Wirbelsäule gegen die Rückenlehne des Stuhles, während Sie in den Bauch atmen (Zwerchfellatmung). Das erfordert bewußte Anstrengung. Entspannen Sie sich anschließend wieder, und beugen Sie sich beim Ausatmen vor. Dann versuchen Sie, natürlich zu atmen, wobei der untere Teil der Wirbelsäule wie angeklebt an der Rückenlehne des Stuhles haften soll. Achten Sie darauf, daß beide Füße fest auf dem Boden stehen, ein wenig voneinander entfernt und parallel zu den Hüften. Schultern, Nacken und Kopf sind entspannt."

Die meisten Teilnehmerinnen verharrten in dieser neuen „acture", wie Feldenkrais so etwas nannte. Ruti und zwei andere Frauen sagten, diese Haltung sei zu schwierig für sie. Esther gab diese neue Lernerfahrung ein Gefühl von Leichtigkeit und Wohlbefinden. Shula hatte sich auch diesmal wieder zu sehr angespannt. Hanni hielt sich mit den Händen seitlich am Stuhl fest und sagte, sie fühle sich gut.

Ich wollte Hannis „Ergänzung" akzeptieren und forderte die Gruppe auf, das Gesäß in der gleichen rückwärtigen Position zu belassen und sich mit beiden Händen an der Sitzfläche des Stuhls festzuhalten wie Hanni. „Heben Sie jetzt den Hüftknochen an der linken Seite in Richtung des Brustkorbs an und erheben Sie so die linke Gesäßbacke vom Sitz. Bleiben Sie ein paar Sekunden in

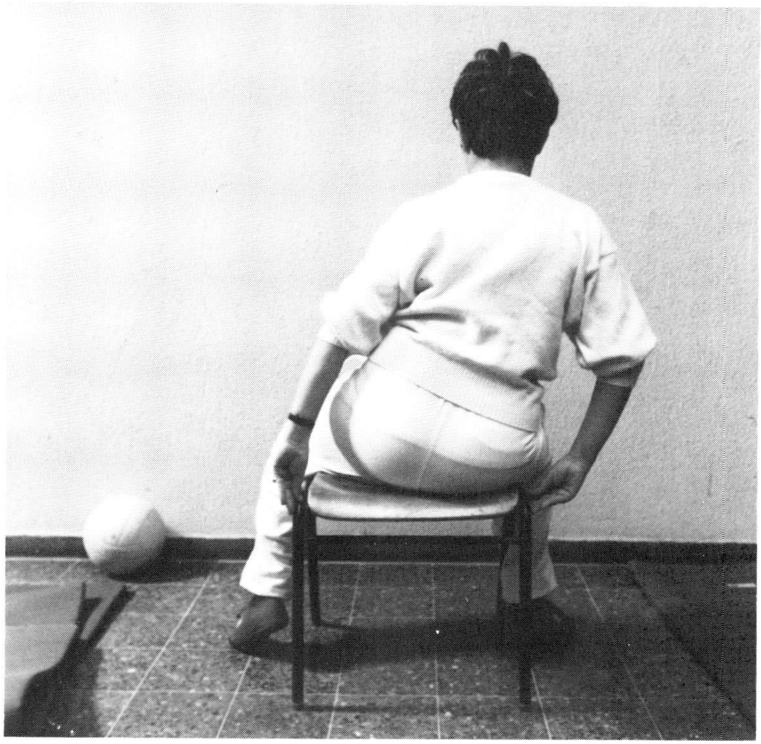

Sitzende
Frau

dieser Position und wiederholen Sie dies ungefähr fünfmal. Versuchen Sie das gleiche an der rechten Seite. Wenden Sie nicht zuviel Mühe auf, machen Sie es sich leicht, Erfolg ist nicht wichtig." Diejenigen, die die Übung richtig ausführten, spürten ein Ziehen in den Seiten ihres Gesäßes und wurden sich gleichzeitig einer kinästhetischen Leichtigkeit in Hüftgelenken, Knien und Knöcheln bewußt.

„Bleiben Sie nun so bequem wie möglich sitzen, ohne irgend etwas zu tun."

Ich erzählte, daß Feldenkrais bei allen Lektionen, an denen ich teilgenommen hatte, nie Stühle benutzt hatte.[33] In meiner Lektion mit den Stühlen verwendete ich aber seine Prinzipien, das Becken von unnötiger muskulärer Kontraktion zu befreien, die Bewegungsmuster im alltäglichen Leben zu verändern, das natürliche Atmen und die Entspannungsfähigkeit zu fördern und es sich „leichter zu machen", um zu einem erfüllteren und glücklicheren Leben zu gelangen.

„Natürlich dauert es länger als ein Semester, das Ziel zu erreichen, das Feldenkrais seinen Schülern setzt. In unserem Unterricht machen wir nur die ersten Schritte, das Gewahrsein unserer selbst weiterzuentwickeln und zu verstehen, wie wichtig es ist, Bewegungsgewohnheiten zu verändern."

Während dieses kleinen Gesprächs über die Prinzipien von Feldenkrais beobachtete ich, wie jede einzelne Teilnehmerin „bequem saß".

„Versuchen Sie nun noch einmal, das Becken und den unteren Teil der Wirbelsäule gegen die Stuhllehne zu drücken und dabei den ganzen Körper und die Atmung zu beherrschen. Stehen Sie auf, indem Sie das Gesäß erheben. Kopf, Hals und Rumpf bleiben in einer fast geraden Linie, Hüften und Knie sind auf natürliche Weise gekrümmt, und das gesamte Körpergewicht liegt auf den Füßen. Dann setzen Sie sich wieder hin und verlagern Sie das Körpergewicht von den Füßen auf das Becken, das die Wirbelsäule und den Kopf trägt." Diese „Übung" mußten sie etwa zehnmal wiederholen, bis sie sich ohne Anstrengung erheben und setzen konnten, dabei leicht atmeten und kinästhetische Leichtigkeit erreichten.

Nur einige der Gruppe machten die Bewegung mühelos und mit einem Lächeln auf dem Gesicht, doch die meisten anderen sagten mir, sie fühlten sich gut und wollten diese neue Art zu sitzen zu Hause und bei der Arbeit ausprobieren.

Am Ende dieser Lektion spielten wir ein anderes Kinderspiel, und alle verließen die Gymnastikhalle mit einem entspannten und zufriedenen Ausdruck. – So weit meine Lektionen.

In meiner Arbeit mit Kindern und Heranwachsenden liegt das Schwergewicht gewöhnlich stärker auf der kreativen Bewegung im Raum. Die obige Beschreibung jedoch sollte den positiven Einfluß der Feldenkraismethode auf meinen Unterricht mit Erwachsenen demonstrieren.

Die diplomierten Feldenkrais-Lehrer, seine Schüler, Patienten und Bewunderer verbreiten seine Theorien und Techniken auf der ganzen Welt.

Es erscheint mir höchst interessant, daß Walter Carrington, der Feldenkrais sehr scharf kritisiert hat, weil er niemals erwähnte, was er der Alexandertechnik verdankte, in seiner Besprechung des Buches *The Potent Self* auch anerkennend schrieb:

> Moshé Feldenkrais war ein bemerkenswerter Mensch. ... Sein letztes Buch, das nach seinem Tode veröffentlicht wurde, ist auch deshalb von Interesse, weil der Autor darin sein ursprüngliches Thema ausführt, nämlich die Ursachen und Folgen des „falschen Umgangs mit sich selbst", und weil er Übungen beschreibt, die er zur Selbsthilfe empfiehlt. ... Niemand anders hat jemals das vielfältige Material über das menschliche Verhalten auf die Weise zusammengetragen, wie es Feldenkrais gelang. Und niemand hat so faszinierend die wissenschaftlichen Beweise beschrieben, die die Notwendigkeit einer Technik zum besseren Umgang mit uns selbst stützen.

Die Bedeutung von Dr. Moshé Feldenkrais als einem der Pioniere der bewußten Wahrnehmung durch Bewegungserfahrung scheint mir unzweifelhaft und bleibend.

Tennis-
ballspiel

Bibliographie

Bücher von Moshé Feldenkrais

Body and Mature Behaviour; Routledge & Kegan, London 1949; deutsche Ausgabe bei Junfermann in Vorbereitung.

Awareness through Movement, Harper & Row, New York 1972; deutsche Ausgabe: *Bewußtheit durch Bewegung;* Suhrkamp Taschenbuch 429, Frankfurt 1978.

25 Lessons by Dr. M. Feldenkrais; Universität Tel Aviv, Tel Aviv 1977.

Adventures in the Jungle of the Brain, Harper & Row, New York 1977; deutsche Ausgabe: *Abenteuer im Dschungel des Gehirns. Der Fall Doris;* Suhrkamp Taschenbuch 663, Frankfurt.

The Elusive Obvious, Meta Publications, Cupertino 1982; deutsche Ausgabe: *Die Entdeckung des Selbstverständlichen*, Suhrkamp Taschenbuch 1440, Frankfurt 1987.

The Potent Self. A Guide to Spontaneity, Harper & Row, San Francisco 1985.

The Master Moves, Meta Publications, Cupertino 1984; deutsche Ausgabe: Die Feldenkraismethode in Aktion, Junfermann, Paderborn 1990.

Über Feldenkrais

Carrington, W.: The Potent Self by M. Feldenkrais. A Review, in: *The Alexander Review;* London 1986.

Zusammenfassung der einzigartigen Arbeit der drei Pioniere

Einige Ideen verschiedener Gymnastiksysteme (siehe Anhang), die sich seit Anfang des 20. Jahrhunderts entwickelt haben, mögen an die Arbeit von Laban, Alexander und Feldenkrais erinnern, doch der Beitrag dieser drei Männer zur bewußten Wahrnehmung durch Bewegungserfahrung ist in jedem Fall überragend. Diese drei Pioniere aus verschiedenen Ländern, deren Milieu, Lebenswege und Erziehung so unterschiedlich waren, hatten dennoch ähnliche Grundideen. Sie waren sicher, daß die Macht der Bewegung die Gesamtpersönlichkeit positiv verändern kann. Bewegungserfahrung in unterschiedlichen Formen war für sie das Medium, um jeden Menschen zur größtmöglichen Nutzung seines Potentials zu geleiten. Durch bewußte Kontrolle unserer Handlungen mittels bewußten Gewahrseins unserer Bewegungen wird es uns möglich, schlechte Gewohnheiten abzuändern, unsere Leistungsfähigkeit zu verbessern, maximale Funktionsfähigkeit unseres Organismus zu entwickeln und zu besserer Gesundheit und zu Lebensfreude zu gelangen.

Rudolf Laban war Künstler und Wissenschaftler, Tänzer und Choreograph, Erzieher und Darsteller und auch Erfinder und Bewahrer von Tänzen. Einer meiner Kollegen hat sogar gesagt, das Genie von Laban würde geschmälert, wenn man ihn als bloßen Pionier bezeichne. Sein Ziel war die Entwicklung einer harmonischen Persönlichkeit durch Bewegung und Tanz.

Seine revolutionäre *Bewegungstheorie* betont die Bedeutung der Kontrolle über die grundlegenden Bewegungsfaktoren – *Raum, Zeit, Kraft und Fluß*. Die bewußte Meisterung dieser Bewegungselemente wird durch systematischen Unterricht, durch Analyse und durch Beobachtung erreicht. Der Schüler muß lernen, das richtige Maß an Kraft aufzuwenden, Geschwindigkeit, Zeiteinteilung und Richtung zu beherrschen und jede Aktion mit minimaler Anstrengung und maximaler Wirkung vom Anfang bis zum Ende fließen zu lassen.

Labans Lehrtätigkeit hat eine radikale *Veränderung der Körpererziehung an Schulen* in England und in anderen Ländern bewirkt. Statt der festgelegten Übungen der traditionellen Schwedischen Gymnastik[35] hat diese neue Lehrmethode die Zielsetzung, die latente Bewegungskraft des Kindes zu fördern, es zur Entdeckung und Problemlösung anzuleiten und alle seine Möglichkeiten zu entwickeln.

Tänzer halten Labans Bewegungstheorien für ausschlaggebende Grundlagen des Modern Dance. Seine Bewegungsprinzipien erfordern vom Tänzer eine Veränderung der inneren Einstellung dem Fluß der Bewegung und ihren Elementen gegenüber. Sie erfordern jedoch auch systematische Übung in den neuen Bewegungsformen und bewußte Beherrschung der jeweils unterschiedlich miteinander verwobenen Bewegungsfaktoren. Studium, Verständnis und Selbstbeherrschung bereichern die Kreativität und beeinflussen die Persönlichkeit des Tänzers. Laban forderte, das Tanzen sollte dem Tänzer stets Freude machen. Tanzen wird zu einem Ausdruck der Spontaneität wie auch der Selbstbeherrschung.

Das *Laban Centre* in *London* und das *Laban/Bartenieff Institute of Movement Studies* in *New York* sind die wichtigsten Trainingszentren für Bewegungsspezialisten und Tänzer in der „Kunst der Laban-Bewegung".

Laban-Notation ist die Zeichensprache, die Laban in Deutschland erfand und die von ihm und Lisa Ullmann während seiner Londoner Jahre weiter vertieft und erforscht wurde. Die Laban-Notation wurde vom Dance Notation Bureau und vom Laban/Bartenieff Institute in New York weiterentwickelt, und sie ist eines der wichtigsten Mittel zur permanenten Aufzeichnung von Bewegungserfahrungen, Choreographien und des Körperausdrucks.

Persönlichkeitseinschätzung und *Therapie*[36] sind weitere Anwendungsgebiete der Theorien Labans, die von seinen Schülern entwickelt wurden.

Rudolf Laban war eine charismatische Persönlichkeit, der durch seine visionäre Perspektive und sein Wissen über Bewegung im Tanz, in der Gymnastik, im Sport, in der Arbeitswelt und bei Alltagsaktivitäten weiterhin Generationen von Kindern, Frauen und Männern inspiriert.

Matthias Alexander, der kein Intellektueller war, lebte im fernen Australien und erfand dort seine einzigartige Technik der Koordination von Kopf, Hals und Rumpf durch völlig autodidaktisches Experimentieren, also durch seine eigene Bewegungserfahrung. Er kannte weder die griechische Philosophie, noch war er mit den Künsten des Fernen Ostens oder mit den Gymnastiksystemen Europas und der USA vertraut. Er war der Ansicht, die Zivilisation habe die Funktionsfähigkeit des menschlichen Organismus geschädigt. Sein Ziel war, alle habituellen Aktivitäten zu verhindern, die unterhalb der Bewußtseinsebene stattfinden, und sich selbst (und später auch seine Schüler) durch bewußte Kontrolle zur „wahren und primären Bewegung in jeder Handlung" anzuleiten. Er glaubte, daß die Technik, die er erfunden hatte, nicht nur schlechte Gewohnheiten verändern könne, sondern – wie er in *Man's Supreme Inheritance* schrieb – „die Menschheit retten und den natürlichen Zustand des Menschen und seine Gesundheit wiederherstellen" könne.

Viele seiner Anhänger und deren Schüler haben durch die Alexandertechnik ihre Gesundheit wiedergewonnen. Die „Arbeit", wie Alexander es nannte, erfolgt individuell – zwischen Lehrer und Schüler, im Rahmen einer engen Beziehung.

Alexander erfand seine Technik schon am Ende des vergangenen Jahrhunderts und entwickelte sie später in England und in den USA weiter. Die *Society of Teachers of the Alexander Technique* ist für die Ausbildung neuer Lehrer verantwortlich, die in ständig wachsender Zahl in vielen Teilen der Welt praktizieren.

Matthias Alexander, ein echter Pionier und Erfinder einer völlig neuen Bewegungstechnik hat diese in Aufsätzen und vier Büchern beschrieben. Der Wert der Alexandertechnik ist wohlbekannt, und ihr Einfluß wächst ständig.

Moshé Feldenkrais hat die Möglichkeit und Notwendigkeit, die Funktionsweise der menschlichen Motorik zu verändern, wissenschaftlich belegt. Der von Alexander geprägte Begriff „bewußte Kontrolle“ wird von Feldenkrais in neuer und einzigartiger Form erklärt. Seine Übungen, die größtenteils auf dem Boden liegend ausgeführt werden, konzentrieren sich auf selten benutzte Muskeln. Diese Übungen beabsichtigen, die Kontrolle über den eigenen Körper zu verbessern, fehlerhafte Bewegungsmuster zu korrigieren, Spannungen zu reduzieren und die Spontaneität zu wecken.

Feldenkrais hat in seinen Büchern und Lektionen die integrative Kraft des Nervensystems hervorgehoben – die Bedeutung des Lernprozesses. Nach der Feldenkraismethode lernt man demzufolge, *wie* man Haltungs-, Denk- und Einstellungs-*Gewohnheiten* durch geleitete Bewegungserfahrung *verändert.*

Die bewußte Kontrolle des Handelns und Verhaltens ist nur während der Lernperiode notwendig. Die „reife Persönlichkeit“, wie Feldenkrais sie bezeichnete, hat die „Reversibilität“ absorbiert und erreicht, die Kontrolle über Anregung und Unterbindung, die Fähigkeit, jede Aktivität zu unterbrechen, neu zu beginnen, umzukehren oder sie ohne Anstrengung wiederaufzunehmen. Reversibilität ist, wie Feldenkrais erklärt, das Hauptmerkmal des veränderten Erwachsenen, der im Verlauf des Lernprozesses neue Verhaltensweisen und eine adäquate Haltung erlernt hat und der als „ungeteilte Ganzheit“ handelt.

Viele Feldenkrais-Lektionen sind auf Videobänder aufgenommen worden, die nach dem Tode von Feldenkrais zu einem wichtigen Ausbildungsmedium für die Lehrer der Feldenkraismethode geworden sind. Für die Lehrerausbildung ist die *Feldenkrais Foundation* verantwortlich, und die Ausbildung dauert ungefähr vier Jahre. Das Interesse an der Feldenkraismethode wächst stetig. In vielen Ländern, insbesondere in den USA, in Deutschland, Frankreich, Australien und Israel, interessieren sich immer mehr Menschen für „bewußte Wahrnehmung durch Bewegung“ und für die „Funktionale Integration“.

Feldenkrais’ eigenständige Ideen, seine wissenschaftlichen Kenntnisse und Erklärungen kennzeichnen ihn als einen der Pionierkräfte der „bewußten Wahrnehmung durch Bewegungserfahrung".

Die faszinierenden Persönlichkeiten von Laban, Alexander und Feldenkrais und ihr einzigartiger Beitrag zur Bewegungserfahrung in ihren verschiedenen Formen wurde in den Essays dieses Buches beleuchtet. Eine Interaktion zwischen ihnen ist nicht festzustellen, obgleich sie alle während der vierziger Jahre in England lebten. Jeder dieser drei Männer entwickelte auf seine Weise die Grundidee zur Erziehung gesunder menschlicher Wesen durch Bewegungserfahrung.

Sie arbeiteten mit Intuition, Inspiration und Imagination und erklärten in ihren Schriften die Bedeutung des Gewahrseins – der Weisheit von Körper und Geist.

Viele Menschen ziehen es vor, sich nicht dessen bewußt zu sein, was sie tun. Sie haben keine Motivation, sich zu verändern. Als Sokrates einmal gefragt wurde, ob es besser sei, wissend oder unwissend Fehler zu machen, schockierte er seine Schüler mit der Antwort: „Es ist besser, bewußt Fehler zu machen. Wer weiß, was falsch ist, ist in der Lage, sich zu verändern, wer es nicht weiß, ist dazu nicht fähig."

Kinder bewegen sich von Anfang ihres Lebens an, indem sie sich drehen und wenden, indem sie berühren und indem sie werfen usw. Sie nehmen ihren eigenen Körper und ihre Umgebung wahr, und durch ihre Bewegungen entdecken Sie sich und ihre Umwelt und entwickeln dadurch gleichzeitig ihren Intellekt sowie auch ihren Körper und ihre Gefühle. Ich versuche stets, selbst kleine Kinder dazu zu bringen, ihre eigenen Bewegungen zu beobachten und zu verstehen, was sie tun. Leider haben die meisten Erwachsenen ihr Körpergefühl verloren und „hungern kinästhetisch", wie Dewey es einmal ausgedrückt hat.

Bewußte Wahrnehmung durch Bewegungserfahrung, wie diese drei Pioniere sie dargelegt haben, entwickelt neue Muster der Bewegung und des Denkens und bewirkt positive Veränderungen in unserem Leben. Ich hoffe, daß der innere Zusammenhang zwischen den Theorien von Laban, Alexander und Feldenkrais und ihren unterschiedlichen Lehrmethoden in meinen drei Essays überzeugend dargestellt worden ist und daß dieses Buch im Leser den Wunsch erweckt, mehr darüber zu hören und persönlich die Macht der Bewegungswahrnehmung zu erleben.

Februar 1988 *Elly D. Friedmann*

Bedeutende Gymnastiksysteme

Es wäre im Rahmen dieser drei Essays sinnlos gewesen, all die verschiedenen Gymnastiksysteme und -schulen zu beschreiben, die sich zwischen 1900 und 1933 entwickelt haben. Der folgende kurze Überblick soll den Leser mit einigen der Persönlichkeiten und Ideen vertraut machen, die schon vor und während der Wirkungszeit von Laban, Alexander und Feldenkrais existierten.

Isadora und *Elizabeth Duncan,* gebürtige Amerikanerinnen, eröffneten in Berlin im Jahre 1904 eine Schule, an der Tanzen ohne Ballettschuhe, „Bewegung als solche" zur Methode einer neuen und freien Erziehung zur Entwicklung einer harmonischen Persönlichkeit wurde. Isadora Duncan trat barfuß in griechischer Kleidung auf und versetzte ihr Publikum in Europa und in den USA mit ihren Tänzen – die keinen Handlungsfaden hatten – in Erstaunen, die, wie sie sagte, „der Ausdruck des Lebens meiner Seele" waren.

Geneviève Stebbins, ebenfalls eine Amerikanerin, trat gegen Ende des 19. Jahrhunderts für die Förderung des klassischen Ideals der Harmonie von Körper, Geist und Seele mittels *Konzentration, Entspannung* und richtiger *Atmung* ein.

Hedwig Kallmeyer entwickelte Stebbins System in Deutschland weiter. Im Jahre 1908 gründete sie eine Gymnastikschule und hatte ungeheuren Erfolg damit. Hedwig Kallmeyer arbeitete wie ihre Lehrerin, Geneviève Stebbins, an Konzentration, Entspannungsfähigkeit und Atmung. Dies sind nach ihrer Theorie die drei Möglichkeiten, das griechische Ideal der inneren und äußeren Harmonie zu erreichen.

Dr. Bess Mensendieck, gebürtige Amerikanerin, hatte in der Schweiz Medizin studiert. Ihr Hauptinteresse galt der Erhaltung der Gesundheit bei Frauen durch Gymnastik. Ihre Bücher, die zuerst in Deutschland erschienen, wurden in viele Sprachen übersetzt und bewirkten eine tiefgreifende Veränderung in der Frauengymnastik. Ihr System basiert auf den besonderen Erfordernissen der weiblichen Körperfunktionen. Ihre Übungen erfassen hauptsächlich den Beckenbereich; sie erkannte auch Schönheit in Bewegungen der Haushaltsarbeit und lehrte, wie Frauen entspannter durch das Leben gehen sollen und die notwendigen Aufgaben mit einem Minimum an Anstrengung verrichten können.

Die Gründerinnen der *Loheland*-Schule waren einige der kreativsten Studentinnen von Frau Kallmeyer und Frau Dr. Mensendieck. Die Loheland-Frauen lebten auf einem wunderschönen Bauernhof in Deutschland, weitab von der Hektik des modernen Lebens. Sie konzentrierten sich auf Atmung, Entspannung und neue Arten der Körpererfahrung sowie auch auf Handarbeit und Landwirtschaft. Dies alles war für sie der Schlüssel zu einem gesunden, erfüllten Leben.

Elsa Gindler entwickelte ein eigenständiges Gymnastiksystem, das auch heute noch in den Vereinigten Staaten, in Israel und in einigen europäischen Ländern Einfluß hat. Nach dem Ersten Weltkrieg eröffnete sie in Berlin ein Studio, das Menschen aller Altersgruppen anzog. Die Hauptaspekte ihrer Arbeit waren Konzentration, Entspannung und Atmung, wobei der Schwerpunkt auf der Entwicklung des kinästhetischen Gefühls lag. Die Bewegungsaufgaben, die sie stellte, waren unscheinbar aber intensiv; unwissende Zuschauer merkten meist gar nicht, daß die Übenden sich überhaupt bewegten. Frau Gindler versuchte, ihre Schüler dazu anzuleiten, sich jedes Muskels und auch der kleinsten Veränderungen im Körperverhalten bewußt zu werden. Während des Unterrichts sprach jeder über seine Gefühle und Gedanken. Ich erinnere mich daran, selbst als junges Mädchen bei Frau Gindler „gelernt" zu haben. Es war interessant, meine eigenen minimalen Bewegungen zu kontrollieren, doch ich war damals (wie übrigens auch heute noch) der Meinung, daß ihre Methode dem dynamischen Bewegungstrieb junger Menschen nicht gerecht würde.

An der Hochschule für Leibesübungen in Berlin initiierte Professor *Carl Diem* den modernen Schulsport auf der Grundlage humanistischer Ideen; oberstes Ziel war die Integration des menschlichen Gesamtpotentials durch Bewegung und Sport. Die Studenten der Hochschule übten nicht auf mechanische Weise, sondern lernten, ihre Bewegungen zu verstehen und durch Versuch und Irrtum ihre Leistungsfähigkeit im Bereich der Gymnastik, des Tanzes, des Spiels und der Leichtathletik zu verbessern. Seine Frau, Professor *Lieselott Diem*, die noch heute überaus aktiv ist, setzte seine Arbeit in dieser Richtung an der Sporthochschule Köln fort.

In Österreich führten *Dr. K. Gaulhofer* und *Dr. M. Streicher* die moderne Gymnastik als eines der wichtigsten Erziehungsmittel in das „Schulturnen" ihres Landes ein. Sie erläuterten ihre Erziehungsphilosophie in vielen Büchern – die ganzheitliche Entwicklung des Individuums – und beschrieben „Kinderturnstunden", die auf den biologischen und psychologischen Bedürfnissen des heranwachsenden Kindes basierten.

Es gab noch viele andere wichtige Gymnastiksysteme und -schulen, doch die hier beschriebenen erscheinen mir als die wesentlichsten.

Nachwort

Drei Pioniere der Bewegungsarbeit: Laban, Alexander und Feldenkrais und ihre Metakonzepte

Dieses Buch stellt drei bedeutende Pioniere der Bewegungs- und Körpertherapie vor: *R. v. Laban, F. M. Alexander* und *M. Feldenkrais* – drei Männer, die unsere Sensibilität für den Körper, für die Bedeutung der Bewegung in unserer Zeit, nachhaltig beeinflußt haben, und zwar auf internationaler Ebene. Das unterscheidet sie von Männern wie *Rudolf Bode, Heinrich Jacoby* oder *Hinrich Medau*, deren pädagogisches, bewegungstheoretisches und -methodisches Werk den genannten Protagonisten keineswegs nachsteht, wenngleich es eine andere Ausrichtung hat. Der Schwung und der Fluß der Bewegung (etwa bei *Bode*), das Spüren und das Geschehenlassen (etwa bei *Jacoby* oder in der Organgymnastik von *Medau*) setzen einen anderen Akzent als den der „Übung und *bewußten Kontrolle*", der für *Laban, Alexander* und *Feldenkrais* kennzeichnend ist. Die deutschen Altmeister der Bewegungsarbeit nehmen hier eine mittlere Position ein, blickt man auf die Altmeisterinnen wie *Elsa Gindler, Hedwig Kallmeyer, Geneviève Stebbins* oder *Gerda Alexander*, deren Maxime hieß: „gewahr werden, entspannen und geschehen lassen". Wir haben damit zwei Zugangsweisen, denen sich die verschiedenen Richtungen der Bewegungserziehung und Körperbildung, der Leibtherapie und Körperarbeit, der Bewegungspsychotherapie und nonverbalen Behandlungsmethoden zuordnen lassen. Einige Ansätze versuchen, Verbindungen herzustellen und diese Zugangsweisen als jeweils spezifische Möglichkeiten zu nutzen oder in einen dialektischen Bezug zu setzen.

Es ist wohl nicht zufällig, daß das vorliegende Buch drei Leitfiguren der Bewegungsarbeit porträtiert, die dem Ideal der „mastery", der Körper*beherrschung* durch den *Geist* verpflichtet waren. Die Ansätze von *Alexander, Laban* und *Feldenkrais* gehören in dieser und auch noch in manch anderer Hinsicht zusammen.

Ihre Stärke liegt in der Verfeinerung der leiblichen Selbstwahrnehmung, dem *bewußten* Spiel und der Veränderung von Körperfunktionen, von Bewegungsmustern, Haltungen, muskulärer Aktivität durch Übung und von außen verfügter oder selbstentdeckter *(Feldenkrais)* Korrektur. In dieser Form der Arbeit wird dem Menschen sein *Körper* vertraut. Er lernt die einzelnen Funktionen kennen und beeinflussen. Sein Ich durchforstet die „terra incognita", das Ich-Bewußtsein dringt in Regionen, die bislang ausgeblendet waren. Sie waren nicht unbedingt „unbewußt", sie waren „noch nicht bewußt", „not yet awareness", wie *Fritz Perls* (1969) – das Freudsche Konzept des Unbewußten entschärfend – in Anlehnung an *F. M. Alexander* formuliert hat. Gerade bei der heutigen Unvertrautheit des Menschen mit seinem Körper, dessen Bestandteile er zwar anatomisch benennen kann, dessen Funktionen er im Biologieunterricht auf der Schule „durchnimmt", dessen lebendige Aktion er aber kaum noch wahrnimmt, weil Verdinglichung und bewegungsfeindlicher Lebensstil ihn daran hindern..., gerade in einer solchen Zeit sind die von *Laban, Alexander* und *Feldenkrais* entwickelten Methoden ein wichtiger Beitrag zur Wiederentdeckung und Wiederaneignung des *Körpers*. Ob sie die Wiederentdeckung von *Leiblichkeit* in gleicher Weise fördern, muß zumindest hinterfragt werden; und hier sind einige kritische Anmerkungen erforderlich, die dazu beitragen können, daß diese so ausgezeichneten Methoden vielleicht in einem breiteren Rahmen genutzt werden können. Ich bin mit der Arbeit von *Feldenkrais* und von *Alexander* durch eigene Erfahrungen in Kursen mit *Feldenkrais* selbst und bei *Alexander*-Schülern vertraut, und ich schätze beide Ansätze, deren Gemeinsamkeiten und Grundprinzipien deutlich sind und die dennoch genügend Unterschiedlichkeit haben, so daß man insbesondere von der später entwickelten *Feldenkrais*-Methode sagen kann, sie ist aus einem eigenständigen Guß. Die drei Leitfiguren der Bewegungsarbeit, die hier zur Rede stehen, sind insgesamt einem Konzept verpflichtet, das eine behavioristische Charakteristik hat. Dies wird bei *Feldenkrais* besonders deutlich. Tiefenpsychologische Perspektiven, eine phänomenologische Sicht von Leiblichkeit – und diese wäre wichtig – sowie das Konzept einer „Zwischenleiblichkeit" und damit die soziale

Dimension des Leibes werden nicht berücksichtigt. Der Körper ist Wahrnehmungs- und Bewegungs*organ*, bei *Feldenkrais* in gewisser Weise sogar „Biocomputer". Er wird weder in seiner historischen Dimension, d.h. seiner Entwicklung in ontogenetischer und phylogenetischer Hinsicht noch in seiner Subjekthaftigkeit gesehen. Damit sind die Linien vorgezeichnet, in die aus theoretischer Sicht die Arbeit der Ergänzung gehen müßte, die natürlich auch Auswirkung in praktischer Hinsicht haben kann und wird, wie man sieht, wenn *Feldenkrais*-Methoden etwa in den Rahmen der Konzentrativen oder Integrativen Bewegungstherapie integriert werden.

Sieht man die Arbeiten von *Laban*, *Alexander* und *Feldenkrais* durch, so scheint immer ein kartesianischer Dualismus auf – auch wenn die Arbeiten des letztgenannten Autors darauf angelegt sind, eine dualistische Konzeption zu überwinden. Es findet sich hier ein Problem, dem man auch in anderen körper- und bewegungsorientierten Verfahren begegnet, etwa der Tanztherapie (*Boerhout* 1987). Wo vom theoretischen Anspruch her eine dualistische Konzeption überwunden werden soll, zeigt sich in den Interventionen, den Handlungs-Modellen, in der Sprache eine Trichotomie („Körper-Seele-Geist") oder Dichotomie („Körper-Seele", „Body-Mind"). Etwas verdeckt artikuliert sie sich in dem Begriffspaar „Körper und Bewußtsein". Es stellt sich die Frage, wie es kommt, daß Meister der Bewegungsarbeit wie *Laban* oder *Feldenkrais*, die eine Vielzahl kostbarer Übungen und Methoden der Bewegungsbildung entwickelt haben, einer solchen dualistischen Tendenz verhaftet blieben. Vielleicht *weil* sie den *Körper* – ihren eigenen wie den des anderen – beobachtet und in den Blick genommen haben, denn ein solcher Blick ist ganz im Sinne von *Sartre*s Analyse der *„regards"*, eine Bemächtigung, eine Objektivierung. Der beobachtete *Körper* wird „Gegenstand der Beobachtung", der durch das Bewußtsein kontrollierte *Leib* zum Objekt der Kontrolle. Selbstbeobachtung und Fremdbeobachtung, die Observation des eigenen Leibes, wie sie am Anfang von *Alexander*s Methode stand, oder des anderen Leibes, wie sie am Anfang der *Laban*-Technik stand, betonen den „Haben-Modus" des Leibes: Ich *habe* meinen Körper, wie einen Besitz. Es ist zweifelsohne auch der Hintergrund von Tanz und Theater bei *Laban* und bei *Alexander*, der diesen Haben-Modus unterstreicht. Der Tänzer wie der Schauspieler müssen ihren Körper beherrschen *wie ein Instrument*. Die alten Probleme des „paradoxe du comédien" (*Diderot*) erscheinen hier wieder: Soll der Schauspieler seinen Leib der Intuition überlassen, sich vom Strom der Identifikation forttragen lassen, aus seinen spontanen Regungen, aus seinem „Unbewußten" handeln – dies wäre die Lösung *Kleists* (Marionettentheater) –, oder soll er in voller Kontrolle spielen, sich dabei mit innerer Distanz beobachten, wie es *Diderot* favorisiert? *Laban* geht es in dem Werk „Künstlerische Körperschulung" (1926) um die Kontrolle der spontanen Bewegungen, um das Bewußtwerden der inneren Regungen, und er unterstellt dabei, daß sie *prinzipiell bewußtseinsfähig* sind. Die Grundfaktoren *Raum, Kraft, Zeit und Fluß* zeigen ihre Herkunft deutlich: die Newtonsche Physik. Und die vier Konstituenten *Denken, Wille, Gefühl und Körper*, auf die immer wieder rekurriert wird, zentrieren auf die *Kraft des Bewußtseins*. Dieses alles ist *ein* Weg, der zu beschreiten ist, aber von dem man auch nicht abkommen darf; denn was liegt in den Dunkelheiten jenseits des Weges? Meint *Laban*, daß der Leib alle seine Geheimnisse freigibt?

Bei *Frederic Matthias Alexander* findet sich die Position noch weiter zugespitzt, denn er lehnt unbewußte Strebungen und das psychoanalytische Modell insgesamt ab. Er stellt die „bewußte Kontrolle des Körpers", seiner Haltung, seiner Muskulatur in das Zentrum seines Ansatzes, und so nimmt es nicht wunder, daß er den Ethologen *Nicolas Tinbergen*, *John Dewey*, einen der bedeutendsten Vertreter des amerikanischen Pragmatismus, und *Fritz Perls*, den Psychoanalytiker, der die Gestalttherapie als Revision des *Freud*schen Ansatzes begründete, beeindrucken und als Förderer gewinnen konnte. *Perls* (1942) hat ihn nachhaltig beeinflußt, was nur wenig zur Kenntnis genommen wird.

Die „konstruktive, bewußte Kontrolle des Individuums" (*Alexander* 1924), das auf diese Weise sein Selbst in optimaler Weise *benutzen* kann (idem 1932), war eine Konzeption, die einerseits dem *Freud*schen Scandalon entgegentrat, daß das *Ich* „nicht Herr im eigenen Hause sei" (und wohl auch nie gänzlich werden könne), die zum anderen aber der behavioristischen und pragmatischen Psychologie, Erziehungsphilosophie und Lebenshaltung der 30er und 40er Jahre in den USA sehr entgegenkam.

Feldenkrais schließlich versuchte eine wissenschaftliche Ausarbeitung von methodischen Ansätzen, die zweifelsohne von *Alexander* inspiriert sind und die ähnliche Annahmen vertreten wie *Labans* Konzepte. *Feldenkrais* gelingt indes eine Integrationsleistung von Theorie und Praxis, und hier liegt sein Verdienst. Wenn auch seine behavioristische, neurophysiologisch orientierte Argumentation inzwischen von den Neurowissenschaften eingeholt wurde, bleibt festzuhalten, daß *Feldenkrais* einer der wenigen Bewegungserzieher war – und unter den Pionieren der einzige –, der einen solchen Versuch unternahm. Auch bei *Feldenkrais* spielen Übung, Kontrolle und Bewußtsein die zentrale Rolle. Durch sie soll neues Verhalten „programmiert" werden. Bei *Feldenkrais* ist, wie schon erwähnt, die dualistische Position stärker verwischt als bei *Alexander* und *Laban*. Es zeigt sich bei genauer Betrachtung, daß das Konzept des Bewußtseins in gewisser Weise für das der „Seele" steht – wie bei so vielen pädagogischen und psychotherapeutischen Ansätzen. Diese Substitution des alten theologischen Seelenbegriffes durch Bewußtseinsideologien wird viel zu wenig beachtet. Auch bei *Feldenkrais* wird der Körper als „Ort des Unbewußten", d.h. als Ort von „im Leib archivierten", in den Leib verdrängten Erfahrungen und archaischen, paläopsychischen Relikten ausgeblendet. Der Leib scheint dem Zugriff des Bewußtseins verfügbar: durch Übung.

Dies alles hat eine gewisse Wahrheit. Ich vermag den *Körper*, den meinen wie auch den der anderen, in einem bestimmten Ausmaß *zu haben (Plessner)*. Der Schmerz, das Alter, das psychosomatische Symptom zeigen indes mit bedrängender Deutlichkeit, daß dies nicht den *Leib* betrifft, den ich letztendlich nicht „haben" kann. Er entzieht sich der Kontrolle, dem Zugriff des Bewußtseins, weil der Leib das Bewußtsein *konstituiert*. Das Leib-Apriori des Bewußtseins und damit der Erkenntnis *(Apel* 1985) weist den Leib als

Subjekt, nicht als *Objekt* aus. Er ist das Subjekt jeder Körper-Habe. Der Gegenstandscharakter des Leibes trügt, denn der Haben-Modus zerrinnt – das zeigen in ultimativer Weise Leiden und Sterben auf. Sie erweisen den Seins-Modus: Ich *bin* mein Leib (*Marcel*), ich bin Leib! Das Leib-Apriori des Bewußtseins weist weiterhin auf den Bereich *jenseits* des Bewußtseins auf ein *punctum caecum* hin, zu dem der „Strahl der Reflexion" (*A. Schütz*) nicht dringt. Dieser Bereich braucht den *anderen*, seine Wahrnehmung, seinen Hinweis, seine Deutung, seine „Zeugenschaft" (*Ricœur*), wenn über diese blinden Flecken, diese „Bereiche im Schatten" Wissen gewonnen werden soll. Hier liegt – so glaube ich – eine Notwendigkeit, die Arbeiten von *Laban*, *Alexander* und *Feldenkrais* zu ergänzen. Die Ausblendung der psychoanalytischen bzw. tiefenhermeneutischen Perspektive, ja, ihre bewußte Ablehnung und damit die Negierung der unbewußten Seite von Leiblichkeit ist ein Mangel, eine Schwäche, die gerade im Hinblick auf die Entwicklung einer psychosomatischen Perspektive schwer wiegt. Andererseits erweist aber gerade diese Ausblendung eine Stärke der genannten Ansätze. Sie ist sozusagen ein Beweis dafür, daß sie in „eigenem Recht" dastehen können und über den „*Weg der Übung*", den Weg der bewußten Kontrolle etwas bewirken. Es ist nämlich unbezweifelbar, daß die *Laban-*, *Feldenkrais-* und *Alexander*-Methoden *wirken* – in der Pädagogik und in der Patientenarbeit, und zwar sowohl im Sinne einer funktionalen Verbesserung physischer Fertigkeiten, als auch im Sinne einer Behandlung psychosomatischer Störungen. Andererseits bedeutet die Integration von *Alexander-* und *Feldenkrais*-Methoden in psychodynamisch ausgerichteten Psychotherapieverfahren, daß – zumindest im psychotherapeutischen Bereich bzw. in einer ganzheitlichen Therapie – die „Reichweite" dieser Methoden vergrößert werden kann und ihre Effizienz gesteigert wird. Es können schwierigere Patienten behandelt werden. Die Effizienz der genannten Methoden trotz Ausblendung der tiefenpsychologischen Perspektive weist aber auch Ergänzungen für die Psychoanalyse auf. Der „Weg der Übung" ist der schlechteste nicht. Auch die rein verbale Arbeit greift zu kurz, und die *Bewußtseinsarbeit* im Sinne eines Verstehens von Unbewußtem kann durchaus durch die Bewußtseinsarbeit im Sinne einer Schärfung des eigenleiblichen Spürens der Wahrnehmung des Leibes ergänzt werden.

Was steht im Wege, Übungen mit der Interpretation, den bewußten mit dem unbewußten Leib, die Verfeinerung der Kontrolle und die Freisetzung von Spontaneität zu verbinden? Die Arbeit von *Alexander*, *Laban* und *Feldenkrais* bietet eine reiche und erprobte Praxis für den Umgang mit wichtigen Dimensionen des Leibes. Was steht dagegen, diese Praxis zu ergänzen und theoretisch umfassender zu fundieren, etwa durch den Bezug auf *Merleau-Ponty* oder *Hermann Schmitz*, auf *Plessner* und auf *Buytendijk?*

Neben der Negierung der Dimension des Leibes als Ort der Verdrängung, d.h. des Unbewußten, neben der fehlenden Ausarbeitung der personalen Dimension: „der Leib als Subjekt", ist es vor allen Dingen die Ausblendung der sozialen Dimension des Leibes, die schwer wiegt: der Leib als Social Body, das Konzept der Zwischenleiblichkeit und das Problem der Ökonomisierung des Leibes werden nicht gesehen. Besonders der letztgenannte Aspekt ist bedeutsam. Der potentielle *Warencharakter* des Leibes darf nicht unberücksichtigt bleiben, denn zu viele Menschen müssen ihre Arbeitskraft zu Markte tragen, ihre Knochen hinhalten, müssen sich im Beruf aufreiben, werden am Arbeitsplatz verschlissen oder durch „Maloche kaputt gemacht". Hier nun steht das Konzept der „bewußten Kontrolle" des Leibes zur „Ökonomisierung seiner Anstrengungen" in Gefahr, in den Zyklus des „Verschleißes durch Ausbeutung" einbezogen zu werden. Dies haben die Experimente *Rudolf von Labans* mit dem Industriellen *C.F.Lawrence* gezeigt. Sie können nur mit äußerster Zwiespältigkeit betrachtet werden. Neben der durchaus begrüßenswerten ergonomischen Zielsetzung, die Arbeitsbelastung durch angemessenes Bewegungsverhalten zu reduzieren, steht der Aspekt der Effektoptimierung, in noch kürzerer Zeit soll noch mehr geleistet werden, ohne daß gefragt wird, zu wessen Nutzen die Mehrleistung ist. Im Bericht von *Laban* und *Lawrence* über die erstaunlichen Leistungssteigerungen der Fabrikarbeiterinnen wird kein Wort darüber verloren, ob für die Mehrleistung auch mehr Lohn bezahlt wurde.

Im Unterschied zu *Wilhelm Reich*, der neben *Groddeck* und *Ferenczi* als Nestor körperorientierter Psychotherapie gesehen werden muß, hat keiner der drei Pioniere der Bewegungstherapie den Problemen der *Verdinglichung* und *Entfremdung* des Leibes als „Ursache hinter den Ursachen"... der Verspannung, der Unempfindsamkeit, Steifheit, Verkrampftheit – intensivere Analysen gewidmet. In ihren Ansätzen steht die Funktionsoptimierung stets im Mittelpunkt. Die Frage des „Funktionierens wofür" wurde nicht oder nicht sehr nachdrücklich gestellt. Der gespannte Leib ist eben auch oft genug der ausgebeutete Leib, der Körper, in dem die Angst sitzt und die Entbehrung und die Verbitterung. Die Bedingungen und die Hintergründe solcher Einschränkungen des Leibes lassen sich durch Übungen und Kontrolle *nicht* verändern, ja, es besteht die Gefahr, daß die Methoden von *Alexander* und *Feldenkrais* den Menschen noch stärker in die Tauschwertdynamik hineinstellen: sich fit halten für die Produktion und den Konsum. Das lebendige Echo, das die *Feldenkrais*-Arbeit im Bereich der Humanistischen Psychologie fand, die für die subtilen Verdinglichungstendenzen und Verwertungszusammenhänge der amerikanischen Gesellschaft besonders blind war, indem sie z.B. auf die Entwicklung des einzelnen Individuums abstellte, ohne ökonomische und politische Zusammenhänge zu reflektieren, mag hier genauso als Indikator dienen, wie die begeisterte Aufnahme dieser Ansätze von den „Endverbrauchern", Menschen, die in einer unbewußten Aufnahmebereitschaft nach den „neuen Körpertherapien" greifen, weil sie *die Verdinglichung ihres Leibes* in irgendeiner Weise spüren. Wer *Feldenkrais*- oder *Alexander*-Arbeit praktiziert, wird für seinen Leib, für Selbstverdinglichung und die Transformation des Leibes zur Maschine (*Deleuze, Guattari*) sensibilisiert, erfährt die Schleifbewegungen des Verschleißes, und das zwingt ihn vielleicht, sich zu schützen, Bedingungen zu meiden, die den Leib destruieren. Vielleicht wird er aber sich durch Übungen auch nur entlasten, um in Bedingungen der Ausbeutung des Leibes noch länger und besser aushalten und funktionieren zu können. Hier muß die Bewußtheit durch den Leib ausgedehnt werden auf das Umfeld und auch die Bewußtheit dafür geschärft werden, daß Leibkontrolle nur *ein* Weg ist, sein Selbst zu entwickeln *(Alexander)*. Vielmehr wird es wichtig werden, die Dynamik des Unbewußten und den Bereich des Zwischenleiblichen *(Coenen)* verstehen zu lernen.

Die Auseinandersetzung mit den Konzepten und Methoden von *Laban*, *Feldenkrais* und *Alexander* ist ein ausgesprochen fruchtbares Unterfangen, und ich hoffe, daß das vorliegende Buch den Leser zumindest neugierig machen wird, sich diesen Ansätzen in Seminaren und Kursen über die *Erfahrung* zu nähern. Ich hoffe aber auch, daß ein geschärftes, erweitertes Verständnis der Phänomene *Leiblichkeit und Bewegung* dazu führen wird, das positive Potential dieser Ansätze noch besser fruchtbar zu machen*.

Prof. Dr. Dr. H. Petzold
Lehrstuhl f. Klinische Bewegungstherapie und Psychomotorik
Freie Universität Amsterdam

* Literatur und vertiefende Analysen zu dieser Problematik in: *H. Petzold*, „Integrative Leib- und Bewegungstherapie" (1988) und *H. Petzold*, „Integrative Therapie" (1992), beide Titel Junfermann Verlag, Paderborn

Anmerkungen

1. Hilker, F.: Neue Aufgaben der Körpererziehung.
   Mensendieck, B.: Mein System.
   Hagemann, H.: Körperkultur.
   Bode, R.: Vom Wesen der Ausdrucksgymnastik.
   Klages, L.: Vom Wesen des Rhythmus.
   Schlaffhorst, C.: Die Bedeutung der Atmung.
   Götze, W.: Die Mary-Wigman-Schule.
   Merz, M.: Die Elizabeth-Duncan-Schule.
   ...und andere.
2. Die Zitate stammen als Labans Buch *Effort*.
3. Morison, R.: Frühere stellvertretende Direktorin des I. M. Marsh College of Physical Education, spielte eine wichtige Rolle bei der Einführung von Labans Bewegungsprinzipien in den englischen Schulunterricht. Sie propagierte im Jahre 1957 die Gymnastikerziehung in Israel. Ihr Buch erschien erstmals im Jahre 1969.
4. Piaget, J.: Das Erwachen der Intelligenz beim Kinde. Klett, Stuttgart 1969.
5. Dr. Preston-Dunlop hat viele Bücher und Forschungsberichte veröffentlicht, internationale Konferenzen vorbereitet und außerdem im Jahre 1982 die „Society for Dance Research" gegründet.
6. Shalom Hermon, Inspektor für Körpererziehung in den Schulen Nordisraels und von 1970 bis 1981 Chef-Inspektor. Hermon ist eine der treibenden Kräfte der israelischen Volkstanzbewegung. Er beendete frühzeitig seine Arbeit als Chef-Inspektor, um sein Leben dem Tanz zu widmen.
7. Das Wingate-Institute in Israel ist das National Institute for Physical Education and Sports. Es dient als Trainingszentrum für Spitzenathleten und als Ausbildungsstätte für Trainer und Physiotherapeuten; sein Mittelpunkt jedoch ist das College for Physical Education.

8. Siehe Bibliographie: Eldar, D.
9. Ich war 15 Jahre lang Direktorin des Colleges, und es ist mir gelungen, in meinen Studenten den Geist Labans zu wecken. (Das College ist mittlerweile geschlossen worden, doch meine früheren Studenten sind auch weiterhin in Südisrael als Lehrer für Bewegungs-Erziehung tätig.)
10. Briefliche Mitteilung von Frau Dr. North, 11. November 1987.
11. Walter Sorell: The Mary Wigman Book, siehe Bibliographie
12. Ann Hutchinson: Labannotation; Oxford University Press, London 1972.
13. Irmgard Bartenieff: The Roots of Laban Theory: Aesthetics and Beyond; siehe Bibliographie.
14. Lisa Ullmann: siehe Bibliographie.
15. Einleitung zu *The Use of Self*, 1932, und zu *Man's Supreme Inheritance* und *Constructive Conscious Control of the Individual*, 1924.
16. Maisel, E.: *The Resurrection of the Body*, siehe Bibliographie.
17. Constructive Conscious Control of the Individual, S. 94, siehe Bibliographie.
18. Prof. Tinbergen, seine Frau und eine seiner Töchter nahmen bei verschiedenen Lehrern der Alexandertechnik Unterricht.
19. Tinbergen in *Science*, Juli 1974, S. 25.
20. Maisel, Einleitung, S. 11, siehe Bibliographie.
21. Plato: Der Staat, Buch II.
22. Plato: Der Staat, Buch III.
23. Interessant ist, daß Feldenkrais wie schon Alexander seine Methode durch eine Selbstheilung entdeckte.
24. Lea Bartal, Tänzerin und Feldenkraislehrerin in einem Brief an mich aus London, Oktober 1986.
25. Feldenkrais, M., zitiert aus: *Body and Mature Behaviour*, *Awareness through Movement* und *The Potent Self*.
26. Feldenkrais selbst gründete in seinen späteren Jahren die Feldenkrais Foundation in Israel und die Feldenkrais Guild in den USA.

27. Herr Navon war fünfter Präsident Israels und ist jetzt Minister für Erziehung und Kultur.
28. Das „Staatliche Lehrer-Kolleg für Körpererziehung in Beersheva“, das ich im Jahre 1963 gründete und bis 1978 leitete.
29. Brief von Ben-Gurion vom 8. 2. 1967.
30. Siehe Bibliographie.
31. Siehe das Essay über Laban.
32. Feldenkrais veröffentlichte *Body and Mature Behaviour* zwei Jahre nach Labans Veröffentlichung des Buches *Effort*.
33. Die beschriebenen Lektionen fanden 1985 statt. Erst danach erhielt ich das Buch *The Potent Self* von Feldenkrais, das 1985 erschienen war. In diesem Buch erwähnt er die Benutzung eines Stuhles, um die Rolle des Beckens und des Unterbauchs beim Sitzen und Aufstehen zu erklären.
34. Walter Carrington: *The Alexander Review*, S. 1 und 29.
35. Siehe Eldar in der Bibliographie.
36. Siehe die Bücher von Marion North und Jehudith Kestenberg über Personality Assessment. Die Tanztherapie wurde in den USA von Bartentieff und anderen entwickelt. Siehe auch im Essay über Laban *meine* Anwendung der Prinzipien Labans bei der Rehabilitation von kulturell benachteiligten Kindern (Psychomotorische Therapie).

Allgemeine Bibliographie

Bartal, L., Ne'eman, N.: *Movement and Creativity,* Souvenir Press, London 1975.

Cratty, B.: *Perceptual Motor Behavior and Educational Processes,* Ch. C. Thomas, Springfield 1970.

Diem, C.: *Wesen und Lehre des Sports,* Weidmann, Berlin 1964.

Diem, L.: *Sport für Kinder,* Kösel, München 1973.

Diem, L.: *Intelligenz durch Bewegungstraining,* Deutsche Verlags-Anstalt, Stuttgart 1976.

Eldar, D.: *A Comparison of the Effects of the English Movement Approach and the Traditional Swedish Approach to School Gymnastics,* Birmingham 1979.

Ehrenwald, J.: *Anatomy of Genius,* Human Science Press, New York 1984.

Friedmann, E.: Fitness through Creative Gymnastics, in: *Journal of Health, Phys. Ed. and Recreation,* Washington 1957.

—, The Influence of Movement on Culturally Deprived Children, in: *Gymnasium,* Vol. VIII, ICHPER, Hofmann, Washington 1971.

—, Review of Physical Education Teachers' Training in Israel, in: *Better Teaching and Coaching,* IAPESGW, Stellenbosch 1977.

—, Psychomotor Test and Methods of Teaching Used in the Rehabilitation of Culturally Deprived and Disturbed Children, in: *Proceedings of Scient. Congress, The 21st Olympic Games, Quebec, 1976,* Symposium Specialists, Miami 1978.

—, A Summary of Research on Movement Education, Personality and Intelligence of Young Children, in: *Proceedings of the 22nd ICHPER Congress,* Hofmann, Kiel, Schorndorf 1981.

Gaulhofer, K., Streicher, M.: *Kinderturnstunden,* Verlag für Jugend & Volk, Wien 1950.

Hilker, F.: Neue Wege der Körpererziehung in der Schule, in: *Päd. Blatt,* Heft 12, Beltz, Langensalza 1925.

Huizinga, J.: *Homo Ludens,* Paladin, London 1970.

Kane, J.E.: *Psychological Aspects of Phys. Ed.* und *Sport,* Routledge & Kegan, London and Boston 1972.
Kestenberg, J.: *Children and Parents,* J. Aronson, New York 1975.
Mensendieck, B.: *Körperkultur der Frau,* Druckmann, München 1906.
—, *Funktionelles Frauenturnen,* Druckmann, München 1923.
Montaigne, M.: *Les Essais,* S.M. Elanges, Bordeaux 1580.
Pallat, L., Hilker, F.: *Künstlerische Körperschulung,* Hirt, Breslau 1926.
Piaget, J.: *The Origin of Intelligence in Children,* Int. Univ. Press, New York 1951.
Plato: *The Republic,* Oxford Univ. Press, 1971.
Schilder, P.: *The Image and Appearance of the Human Body,* Int. Univ. Press, New York 1950.
Stebbins, G.: *The Genevieve Stebbins System of Physical Training,* Werner, New York 1888.
Volkamer, M.: *Vom Mut Lehrer zu sein,* Hofmann, Schorndorf 1982.
Weil, A.P.: The Basic Core, in: *Psychoanalytic Study of the Child,* Vol. 25, Int. Univ. Press, New York 1970.

Die Gymnastik: Monatszeitschrift des Deutschen Gymnastikbundes. E.V., Hefte: 1926-33.
Educational Gymnastics, London County Council, 1963.
Movement, Department of Education and Science, Her Majesty's Stationery Office, London 1972.

Personenregister

Alexander, A. R.	57
Alexander, F. M.	9, 11, 13, 15, 51-72, 75, 109, 111, 113, 119 ff.
Alexander, G.	119
Alon, R.	13, 87 f.
Apel	123
Barker, S.	61, 72
Barlow, W.	59, 72
Bartal, L.	88, 130
Bartenieff, I.	13, 37, 43, 45, 49, 130 f.
Ben-Gurion, D.	89 f., 131
Bilsky-Cohen, R.	41
Bode, R.	119, 129
Boerhout	121
Buytendijk, F. J. J.	125
Carrington, W.	13, 61, 68 ff., 72, 105, 107, 131
Dada	19
Dagan, R.	13, 86
Dalcroze, J.	19
Dewey, J.	53, 56, 58, 60, 113, 122
Diem, C.	117
Diem, L.	117
Duncan, E.	115
Duncan, I.	115
Eldar, D.	43, 130 f.
Feldenkrais, M.	9, 11, 15, 69 f, 73-107, 109, 111 ff., 119 ff.
Ferenczi, S.	126
Foster, J.	19, 24, 50
Foster, R.	29
Freud, S.	120, 122
Gaulhofer, K.	117
Gindler, E.	116, 119
Götze, W.	129
Groddeck, G.	126
Hagemann, H.	129
Haslett, J.	43
Hermon, S.	42, 129
Hilker, F.	129
Hutchinson, A.	37, 45, 50, 130
Huxley, A.	56, 58
Jacoby, H.	119
Jokl, E.	53, 58
Joliot Curie	79
Jones, F.	56f, 60, 70, 72

Jooss, K.	20, 24
Jordan	42
Kallmeyer, H.	115 f., 119
Kano	79
Kestenberg, J.	131
Klages, L.	129
Laban, R.	9, 11, 15, 17-50, 92, 109 ff. 119 ff.
Lawrence, F.C.	27, 125
Leeder, S.	24, 37
MacDonald, P.	62
Maisel, E.	54, 60, 72, 130
Marcel, G.	124
Medau, H.	119
Mensendieck, B.	93, 115 f., 129
Meridith Jones, B.	37, 41
Merleau-Ponty, M.	125
Merz, M.	129
Michelson, H.	62
Montaigne, M. de	15
Morison, R.	29, 50, 129
Navon, Y.	89, 131
Ne'eman, E.	86
Ne'eman, N.	88 f
Nelken, S.	13, 61 f., 64, 67
North, M.	13, 37 f, 43, 50, 130 f.
Pawlow, I.	75
Perls, F.	120, 122
Piaget, J.	33, 129
Plato	75, 130
Plessner	123, 125
Preston-Dunlop, V.	13, 37 f, 50, 129
Reich, W.	126
Russell, J.	50
Sartre, J. P.	121
Schlaffhorst, C.	129
Schmitz, H.	125
Schütz, A.	124
Shaw, G. B.	56, 58
Shilhav, Ch.	88
Sokrates	113
Sorell, W.	130
Stebbins, G.	115, 119
Steiner, R.	19
Streicher, M.	117
Thorndyke, E. L.	75
Thornton, S.	50
Tinbergen, N.	58 f., 122, 130
Ullmann, L.	24 f., 37 f., 41 f., 45 ff., 110, 130
Wigman, M.	20, 45
Youngerman, S.	13

Quellennachweis für Fotos

Seite 19: Abdruck erfolgt mit Genehmigung des Laban Centre, London – Fotograf: Gerry Lidstone

Seite 23: oben aus: *Pallat/Hiller*, Künstlerische Körperschulung; unten aus: *Laban*, Des Kindes Gymnastik und Tanz

Seite 26, 31: aus: Planning the Program – Physical Education in the Primary School (Part Two), H.B.M. Stationary Office, London 1953 – (c) British Crown Copyright. Abdruck erfolgt mit Genehmigung von H.B.M. Stationary Office

Seite 35: aus: *E. Friedmann-Wittkower*, A Psychomotor Test for Nursery School Children, Zerikover, Tel-Aviv 1978. Abdruck erfolgt mit Genehmigung des Verlages Zerikover. Fotograf: G. Drori

Seite 39, 40: Abdruck erfogt mit Genehmigung des Laban Centre, London – Fotograf: Peter Sayers

Seite 44: Abdruck erfolgt mit Genehmigung des Laban/Bartenieff Institute of Movement Studies, New York – Fotograf: Deborah Day-Orr

Seite 53: Abdruck erfolgt mit Genehmigung von Herrn S. Nelken, Jerusalem

Seite 63: aus: „Yedioth Ahoronot" (Zeitung), Tel-Aviv 1987

Seite 75: Foto wurde von Frau Ruth Alon zur Verfügung gestellt

Seite 81, 83, 96, 100, 103, 106: Fotograf: Michael Misrura

Seite 90: Abdruck erfolgt mit Genehmigung der Erbin des Fotografen Paul Goldman. Zuerst veröffentlicht in der Zeitung „Maariv", Tel-Aviv, die ebenfalls den Abdruck gestattete.

Seite 94: Fotograf unbekannt

Seite 97: Abbildung: Zemed Graphics, Beersheva

The Master Moves

248 Seiten, kart.
DM 38,-
ISBN 3-87387-019-3

Moshe Feldenkrais ist ohne Frage eine der großen Persönlichkeiten unserer Zeit. Das Interesse an der Feldenkraismethode wächst ständig, auch in Deutschland. Feldenkrais' Ideen und Konzepte zeigen bereits heute große Wirkung. Dieser Titel ist sein letztes Buch. Es beinhaltet nach Feldenkrais' eigener Einschätzung in einer einzigartigen Gesamtschau alles Wesentliche seiner Arbeit. In dieser lebendigen Beschreibung von Feldenkrais' fünftägigem Workshop kann man den ganzen Bereich seines Denkens und seinen Unterrichtsstil kennenlernen. Seine wichtigsten Ideen über Bewegung, menschliche Entwicklung, Sensitivität und Bewußtheit werden dargeboten als Lektionen, die als Erklärung und zur selbständigen Aneignung durch Bewegung dienen sollen. Diese Lektionen sind der Schlüssel zum Verständnis der Feldenkraismethode. Sie sind zugleich das Ergebnis jahrelanger Selbstbeobachtung. Sowohl der Einsteiger wie auch der erfahrene Anwender der Feldenkraismethode findet hier eine Fülle von Material, um ihm zu so viel Veränderung wie möglich zu verhelfen.

Der Autor: Moshe Feldenkrais (1904-1984) hat die Möglichkeit und Notwendigkeit, die Funktionsweise der menschlichen Motorik zu verändern, wissenschaftlich belegt. Die Übungen der Feldenkraismethode haben zum Ziel, die Kontrolle über den eigenen Körper zu verbessern, fehlerhafte Bewegungsmuster zu korrigieren, Spannungen zu reduzieren und die Spontaneität zu wecken.

JUNFERMANN VERLAG • Postfach 1840
4790 Paderborn • Telefon 0 52 51/3 40 34